Bad Nenndorf
65
Hannover
2
Deister
442
3
Springe
Bad
Münder
Süntel
Fischbeck
Hameln
1
Coppenbrügge
Osterwald
Elze
1
Salzhemmendorf
- Emmern
3
- Börry
Emmerthal -
Ith
- Grohnde
Kloster
Kemnade
240
Boden-
werder
240
Ottenstein
Vogler
Brevörde
Polle
239
Stadtoldendorf
64
83
64
Weser
Bevern
Löwendorf
Holzminden
© Edition Temmen

Weserbergland

Ein illustriertes Reisehandbuch

Von Jan Schröter

EDITION TEMMEN

Die Deutsche Bibliothek – CIP-Einheitsaufnahme
Schröter, Jan: Weserbergland : ein illustriertes Reisehandbuch / von Jan Schröter. – Bremen : Ed. Temmen, 1996
ISBN 3-86108-425-2

Für freundliche Unterstützung und tatkräftige Hilfe danken wir Ika und Hanns Hämker, Stadthagen.

Dieses illustrierte Reisehandbuch wurde nach bestem Wissen zusammengestellt. Im Sinnde des Produkthaftungsgesetzes weisen Autoren und Verlag darauf hin, daß inhaltliche Fehler und Änderungen nach Drucklegung dennoch nicht auszuschließen sind. Aus diesem Grund übernehmen Verlag und Autor keine Verantwortung und Haftung, alle Angaben erfolgen ohne Gewähr. Änderungs- und Verbesserungsvorschläge seitens der Leser nimmt der Verlag gerne entgegen.

Umschlagabbildung: Ulrich Kirmes, Garbsen
Karten: **Kartendienst Andreas Toscano del Banner, München**

Bildnachweis:
Archiv Porzellanmuseum Fürstenberg: S. 55
Flecken Bodenfelde, Tourist-Information: S. 153
Ulrich Kirmes: S. 4, 16f., 31, 33, 44f., 52f., 70f., 73, 75, 77, 82f., 101, 105, 109, 115, 119, 128f., 135
Mindener Museum für Geschichte, Landes- und Volkskunde: S. 132
Museum Bodenwerder: S. 80
Spielbank Bad Pyrmont: S. 139
Verkehrsverein Lemgo: S. 91, 93
Verlagsarchiv: S. 10, 13, 14, 19, 24, 41, 42, 51, 59, 65, 67, 69, 86, 89, 107, 110, 111, 131
Weserrenaissance-Museum Schloß Brake: S. 96
Alle übrigen Abbildungen Katharina Marut-Schröter, Hamburg

Hohenlohestr. 21 – 28209 Bremen
Tel. 0421-344280/3478292 – Fax 0421-348094

Herstellung: Edition Temmen
ISBN 3-86108-425-2

Inhalt

UNIQUE

Einleitung

Auf ihren ersten 200 Kilometern ist die Weser ein Mittelgebirgsfluß. Zahlreiche Höhenzüge schieben ihr Steilhänge in den Lauf, zwingen sie über Stromschnellen und zu gewundenen Umwegen. Zwischen dichten Wäldern und unwegsamem Gelände bot die Weser in alten Zeiten die sicherste Verkehrsader. An Furten und Anlegeplätzen entstanden Siedlungen. Bedeutende **Klöster** wie Bursfelde oder Corvey wurden zu Missionszentren mit weitreichendem Einfluß. Adelsfamilien bauten Burgen und **Schlösser**, in den Städten errichteten die durch den Weserhandel zu Reichtum gelangten **Kaufleute** prächtige Wohnhäuser als Ausdruck ihres Bürgerstolzes.

Der Begriff »Weserbergland« bezeichnet die Landschaft beiderseits der Weser zwischen dem Zusammenfluß ihrer Quellflüsse Fulda und Werra bei Hann. Münden und der Porta Westfalica, dem Durchbruch zwischen Wiehen- und Wesergebirge. Hochplateaus sowie bewaldete Berg- und Hügelrücken kennzeichnen das Weserbergland. Östlich des Flusses erheben sich die meisten **Höhenzüge**: Vogler, Hils, Ith, Süntel, Deister, Wesergebirge und Bükkeberge. Westlich der Weser reichen Egge- und Wiehengebirge an das Flußufer heran.

Drei Bundesländer teilen sich das Weserbergland. Westlich von Bad Karlshafen stoßen die Grenzen Niedersachsens, Nordrhein-Westfalens und Hessens in einem Dreiländereck aneinander. Welches Bundesland man im Bereich Weserbergland auch besucht – Großstädte sind hier nicht zu finden. Viele Orte und Gemeinden mit scheinbar stattlicher Einwohnerzahl erweisen sich bei näherer Betrachtung als Zusammenschluß mehrerer Dörfer, vereint durch eine in den 70er Jahren durchgeführte umfassende Gemeindereform. Die breiten Täler entlang der Weser lassen sich gut für den Akkerbau nutzen. Das Weserbergland ist landwirtschaftlich geprägt und zugleich eine Ferienregion. Zimmer für Urlaubsgäste werden in fast allen Dörfern – oft auch auf Bauernhöfen – angeboten.

Die Städte sind gemütlich und übersichtlich. So zählt Hameln 58.000, Höxter 35.000, Rinteln 27.000 Einwohner. Minden hat 80.000 Bürger, zählt jedoch nach strengster Auslegung eigentlich nicht mehr zum Weserbergland: Es liegt fünf Kilometer nördlich der Porta Westfalica. Reich gestaltete **Fachwerkbauten** mit aufwendig verzierten Erkern und Utluchten (= vom Erdboden ausgehende, erkerartige Vorbauten) bestimmen das Bild der Innenstädte entlang der Weser. **Weserrenaissance** wird der Architekturstil der zumeist im 16. und 17. Jahrhundert entstandenen Gebäude folgerichtig genannt. Durch die aufwendige Restaurierung ganzer Straßenzüge und die Einrichtung von Fußgängerzonen in

Die Weserrenaissance

Als zu Beginn des 20. Jahrhunderts ein Kunsthistoriker die Architekturgeschichte des Weserberglandes aufarbeitete, registrierte er überall in der Region reich verzierte Bauten aus dem 16. sowie dem frühen 17. Jahrhundert. Dem Phänomen fehlte allerdings der Name. Die Weser als verbindendes Landschaftselement bot sich an. Zusammen mit der sichtlich von der italienischen Renaissance inspirierten Architekturspielart ergab sich dann fast zwangsläufig die »Trademark« Weserrenaissance.

Die zahlreichen Renaissance-Bauten im Weserraum zwischen Kassel und Bremen, ausstrahlend bis nach Bielefeld und Wolfenbüttel, sind regionale Ausdrucksform der speziellen Ära zwischen Reformation und Dreißigjährigem Krieg. Die mittelalterliche Vorstellung einer universalen Einheit von geistlicher und weltlicher Herrschaft hatte abgewirtschaftet. In das von verfallenen Klöstern hinterlassene Machtvakuum drängten sich bürgerstolze Bewohner aufstrebender Städte. Man besann sich auf **antike Bildungs- und Kunsttraditionen**, ein undogmatisches Denken kam in Mode. Zu Wohlstand gelangte Ratsherren und Kaufleute leisteten sich repräsentative Stadthäuser, Adelsfamilien ließen Prachtschlösser wie Hämelschenburg oder Brake errichten. Nicht wenige angestammte Herrschaftssitze wurden in dieser Zeit von einer trutzigen, aber militärisch überlebten Burg in eine repräsentative Residenz verwandelt, deren Wassergraben nur noch der Dekoration diente. Und in den **Bürgerhäusern** entstand als Ausdruck städtischen Selbstbewußtseins die beheizbare, Repräsentationszwecken dienende »gute Stube«.

Rückbesinnung auf die antike Weltordnung ist oft das Motiv der Weserrenaissance-Bauplastik. Weitere **charakteristische Merkmale** sind Utluchten, geschwungene (»welsche«) Giebel, Fächerrosetten- und Beschlagwerkornamentik an Fachwerkhäusern und die Ausarbeitung von Kerbschnitt-Bossenstein-Fassaden an Steinbauten. Erster Baumeister des neuen Stils war ab 1524 Jörg Unkair, der die Schlösser in Neuhaus, Stadthagen und Petershagen sowie die Schelenburg erbaute. In seiner Nachfolge verfeinerten andere einheimische Baumeister die Architektur der Weserrenaissance, deren Stilelemente auch die Gestaltung von Möbeln und anderen Gebrauchsgegenständen prägten.

Der Ausbruch des **Dreißigjährigen Krieges** (1618–48) setzte dem Wohlstand ein Ende. Es dauerte Jahrzehnte, bis die Verluste an Menschenleben, Kapital und Kreativität auch nur annähernd ausgeglichen waren. So blieb die Weserrenaissance Zeugnis des speziellen Lebensgefühls einiger Generationen zwischen Glaubenskrise und Kriegskatastrophe.

Renaissancegiebel des Hann. Mündener Rathauses

Bereichen verwinkelter Altstadtgassen gelang es den Weserstädtchen, viel von dieser historischen Bausubstanz zu erhalten. So bieten sich den Besuchern reizvolle Spaziergänge zwischen den Fassaden längst vergangener Zeiten. Die **Straße der Weserrenaissance**, eine ausgeschilderte Route zwischen Kassel und Bremen, verbindet mehrere hundert Baudenkmäler aus der Epoche zwischen Reformation und 30jährigem Krieg. Zwischen Hann. Münden und Minden präsentiert sich entlang der Weser eine in Deutschland selten gewordene Flußlandschaft ohne Großstädte. Hier verläuft der zentrale Abschnitt der **Deutschen Märchenstraße**, die sich vom hessischen Hanau bis zur Hansestadt Bremen erstreckt. 40 Städte und Gemeinden schlossen sich 1975 zur Arbeitsgemeinschaft »Deutsche Märchenstraße« zusammen. Die Route verbindet Lebensstationen der Brüder **Jacob und Wilhelm Grimm** mit Schauplätzen zahlreicher Märchen. 600 km lang ist der märchenhafte Reiseweg vom Main zum Meer. Zwischen Münden und Minden erlebt man Figuren wie Doktor Eisenbart, Dornröschen oder den Rattenfänger, vertraute Bekannte nicht nur für deutsche Reisende – die Grimmschen »Kinder- und Hausmärchen« wurden weltweit in 140 Sprachen übersetzt. Die Kulisse stimmt ebenfalls: Man fährt hier durch das stillere Deutschland, durch touristisch unverbrauchte Gegenden, die ursprünglich, gastlich und romantisch geblieben sind.

Gasthöfe. *Es giebt hier deren viele, in denen es sich recht gemütlich weilen lässt, wenn man seine Ansprüche nicht zu hoch schraubt. Legt man jedoch den Massstab des modernen Gasthofes an, so sind, wenn man etwa von den ersten Häusern in den grösseren Städten absieht, manche Gegenden des Weserberglandes noch hinter dem zurück, was der heutzutage verwöhnte, von ausserhalb kommende Reisende verlangt; indessen bessert sich das schnell und stetig, indem die Zahl der modernen und selbst eleganten Gasthöfe auch hier rasch wächst. Wer bescheidene Anforderungen stellt, wird auch in ländlichen Wirtschaften oft gut und billig Quartier haben.* (Die Weserberge, Praktischer Wegweiser, 1901)

Das stille Weserbergland erschließt sich in besonderem Maße den Reisenden, die auf rasante Vehikel wie Kraftfahrzeuge verzichten. Wanderern steht ein ausgedehntes Netz markierter Wege zur Verfügung. Mehrere Fernradwege ergänzen sich zum **Weser-Radweg**, auf dem sich 426 km zwischen Hann. Münden und Bremerhaven zurücklegen lassen. Obwohl bereits die Bezeichnung »Weserbergland« schweißtreibende Steigungen befürchten läßt, ist eine Radtour im Gebiet zwischen dem Fulda-Werra-Zusammenfluß und der Porta Westfalica nicht nur eine Angelegenheit für durchtrainierte Mountainbiker. Ratsam ist allerdings, eine Weserbergland-Radtour in Hann. Münden zu beginnen – es geht dann mehr bergab als bergauf. In dieser Fahrtrichtung wird man das Fahrrad selten schieben müssen. Zwischen Wahmbeck und Bad Karlshafen bleiben allerdings nur ganz Hartgesottene im Sattel: Hier erreicht die Route eine Steigung von 20%.

Eine beschauliche Reiseroute ist auch der Fluß selbst. Schließlich galt die **Weser** bereits lange vor dem Ausbau der Straßen und überregionalen Verkehrslinien als sicherster, am besten zu befahrender Transportweg für Menschen und Güter. Im Kanu, Kajak oder Faltboot bereist man das Weserbergland gemächlich wie zu Zeiten, da undurchdringliche Urwälder beiderseits des Stroms den Verkehr auf das Wasser zwangen. Viele unmittelbar am Ufer gelegene Campingplätze bieten komfortable Übernachtungsmöglichkeiten. Auch **Wasserwanderer** sollten das natürliche Gefälle zwischen Münden und Minden ausnutzen. Die durchschnittliche Fließgeschwindigkeit beträgt hier 5 km/h. Sportlicher Ehrgeiz in Ehren – die Erholung soll nicht zu kurz kommen. Da darf man sich schon mal ein wenig schieben lassen.

Seilzug und Dieselschub – Schiffahrt auf der Weser

Die Weser ist die wichtigste Nord-Süd-Wasserstraße zwischen Elbe und Rhein. Seit Jahrhunderten dient der Fluß als natürlicher Transportweg für Lebensmittel, Gebrauchs-

güter und Luxusartikel. Bremer Kaufleute trieben nachweislich bereits im 11. Jahrhundert regen Handel mit Städten an der Oberweser. Zahlreiche **Zoll- und Schiffahrtsprivilegien** aus dem 13. Jahrhundert belegen den ausgedehnten Warenverkehr auf der Weser.
Bevor 1817 erstmals ein Dampfschiff die Weser befuhr, war der Gütertransport auf dem Strom eine anstrengende Angelegenheit – besonders flußaufwärts im Bereich der Oberweser. Mangels Motor zog man die Kähne per Hand gegen den Strom. **Treideln** wurde das langwierige Verfahren genannt. Die heute noch gebräuchliche Vokabel »Trödeln« als Bezeichnung für extrem gemächliche Gangart ist eine Ableitung davon und verweist auf das von historischen Schleppzügen erreichte Tempo. Ein von Menschenhand geschleppter Treidelzug benötigte für die Strecke Bremen–Hann. Münden durchschnittlich 30 Tage. Üblicherweise bestanden die »Mast« genannten Treidelzüge aus drei aneinandergespannten Kähnen. Voran fuhr der **Bock**, etwa 35 m lang und mit einer Ladekapazität von 60–80 Tonnen. Im Gegensatz zum folgenden, etwas kürzeren »Hinterhang« führte der Bock einen Mast mit Segel, um im Falle günstigen Windes die Treidelarbeit zu erleichtern. Drittes und kleinstes Fahrzeug im Schleppzug war der **Bullen** (Ladekapazität 10–20 Tonnen).
Das Tempo der **Schleppzüge** minderten bis weit ins 19. Jahrhundert hinein neben der Wasserströmung auch politische und soziale Hindernisse. Etliche Länder, Grafschaften und Fürstbistümer beanspruchten innerhalb ihrer Grenzen ein Stück Weser für sich. Zeitweise mußten die Schiffer zwischen Bremen und Münden 22 verschiedene Zölle entrichten. Die **Leinpfade** verliefen nicht beiderseits der Weser durchgängig. Noch 1816 mußten Treidelmannschaften auf der genannten Strecke 24 Mal das Ufer wechseln. Da die Unterhaltung der Leinpfade in die Zuständigkeit der Obrigkeit des jeweiligen Territoriums fiel, befanden sie sich in recht unterschiedlichem Zustand. Um ihre Interessen besser vertreten zu können, schlossen sich die Weserschiffer zu Gilden zusammen. Die einflußreichsten **Schiffergilden** entstanden 1640 in Minden und 1669 in Vlotho. Ein wesentlicher, lange umstrittener Konfliktpunkt zwischen den Schiffern und einigen Kleinstaaten war der Einsatz von Pferden anstelle »menschlicher« Treidelmannschaften. Mit Pferdekraft verringerten die Schleppzüge ihre Fahrtzeit stromauf fast um die Hälfte. Aber die Gelegenheitsarbeit als **Bockdrieber** in einer Treidel-

Modell eines Weserbocks

Vergangenheit:
Schleppzug auf der Weser

mannschaft bot Angehörigen der untersten, ärmsten Bevölkerungsschicht willkommene Verdienstmöglichkeiten. Gärende Unruhe unter den Ärmsten schätzten die wenigsten Landesherren, deshalb verboten sie das Treideln mit Pferden innerhalb ihrer Grenzen. Erst im Rahmen der **Mindener Weserschiffahrtsakte** einigte man sich 1823 auf die endgültige Abschaffung von Menschenhand gezogener Schleppkähne – sechs Jahre, nachdem erstmals ein Schiff die Weser mit Dampfkraft befahren hatte.

1835 begann mit der Gründung der **Oberweser-Dampfschiffahrtsgesellschaft** die Ära kapitalkräftiger Reedereien auf der Weser. Dennoch befahren noch heute viele Privatschiffer den Fluß. Die Motorgüterschiffe sind mit modernen technischen Hilfsmitteln ausgestattet und transportieren meist **Massengüter** wie Kohle, Baustoffe, Getreide und industrielle Halbfertigprodukte wie Eisen. Durch künstliche, verbindende Wasserstraßen wie den Mittellandkanal hat sich der Aktionsradius der Weserschiffer erheblich erweitert.

Neben dem Warentransport belebt die **Personenschiffahrt** den Verkehr auf der Weser. Die Oberweser-Dampfschiffahrtsgesellschaft bedient den Abschnitt zwischen Hann. Münden und Hameln, die Mindener Fahrgastschiffahrt fährt von Vlotho bis zum Wasserstraßenkreuz bei Minden und weiter auf dem Mittellandkanal. Die Schiffe brachten die ersten Ausflügler und Touristen ins Weserbergland. Eine Flußfahrt gehört bis heute zum Weserbergland-Urlaub unbedingt dazu. Der Fluß ist das verbindende Element dieser Landschaft – das läßt sich von der Reling eines **Ausflugsschiffes** unmittelbar nachvollziehen.

Mit etwas Zeit und der nötigen Ruhe läßt sich die Vielfalt der Region erleben. Natur und Kultur, Phantasie und Traditionen formen das Weserbergland zu einem lohnenden Ziel für Entdecker stiller Welten.

Wer die Schönheiten des Weserstromes voll geniessen will, dem sei die Thalfahrt von Münden bis Hameln empfohlen, die zudem auch 3–4 Stunden kürzer als umgekehrt. Allerdings ist ein ca. 10stündiges Verweilen auf einem Dampfschiffe gerade nicht empfehlenswert; der Eindruck der im ganzen gleichartigen

An der Fuldaschleuse in Hann. Münden

Naturschönheiten wird durch die rasche Aufeinanderfolge abgeschwächt, das Auge ermüdet. Darum thut man besser, die Fahrt mit einer Unterbrechung zu machen, so dass man vielleicht am ersten Tage bis Höxter fährt, hier Höxter und Corvey und deren reizender Umgebung 1–2 Tage widmet und dann am folgenden Tage die Wasserfahrt bis Hameln beendet. Aber auch dem flüchtigen Eintags-Touristen wird die Weserfahrt ab Münden oder Karlshafen eine hohe Befriedigung bringen, und mit Vergnügen wird jeder Reisende an die kurze aber herrliche Wesertour zurückdenken. Wenige Gegenden unseres nördlichen Deutschlands bieten auf solch kurzer Strecke schönere und romantischere Landschaftsbilder auf.
(Illustriertes Reise- und Wanderbuch durch die Gebiete von Niedersachsen, 1898)

Folgende Seiten:
Blick über die Schlagd auf den historischen Stadtkern von Hann. Münden

Zwischen Hann. Münden und Bad Karlshafen

Hann. Münden

Die Stadt eignet sich wegen ihrer herrlichen und gesunden Lage aber auch vorzüglich als »Pensionopolis«... (Reiseführer von 1912)

Die Städte im Weserbergland sind berühmt für ihre Fachwerkbauten. Doch an Hann. Münden reicht in dieser Hinsicht kein anderer Ort der Region heran: Über 700 Fachwerkhäuser aus sechs Jahrhunderten bilden innerhalb der verbliebenen mittelalterlichen Befestigungsanlagen einen geschlossenen Altstadtkern. **Fachwerkjuwel** lautet das keineswegs übertriebene Werbeprädikat des größten denkmalgeschützten Fachwerkensembles in Deutschland. So bietet die Weser bereits am Ort ihres Entstehens den Besuchern ein erstrangiges touristisches Erlebnis.

Die Stadt, zunächst als karolingische Siedlung **Gemundi** belegt, hieß eigentlich Münden, bevor sie im Zuge deutscher Kleinstaaterei den Zusatz »Hannoversch« erhielt, der ihre Zugehörigkeit zum Königreich Hannover demonstrieren sollte. Mittlerweile gehört sie zum Bundesland Niedersachsen, und die welfische Vergangenheit wird gemäß offizieller Schreibweise diskret abgekürzt.

Hann. Münden wurde bereits 1183 urkundlich als Stadt erwähnt. Der Ort profitierte von der günstigen Verkehrslage am Zusammenfluß von Fulda und Werra zur Weser, vor allem aber von dem 1247 verliehenen **Privileg des Stapelrechts**: Durchziehende oder in einem bestimmten Umkreis vorbeiziehende Kaufleute wurden dadurch gezwungen, ihre Waren für drei Tage den Mündener Bürgern zum Kauf anzubieten, andernfalls hatten die Händler Abgaben zu zahlen. Die Straßenbezeichnung **Schlagd** (es gibt am Fuldaufer die Bremer Schlagd und die Kasseler Schlagd) verweist auf die Uferplätze, die für das Be- und Entladen der Flußschiffe vorgesehen waren. Bei diesen Transaktionen ließ sich manches Schnäppchen machen und viel Geld verdienen – die reichgeschmückten **Bürgerhausfassaden** in der Altstadt zeugen davon. Den Nicht-Mündener Kaufleuten, die ihre bestellte Ware auf den Mündener Märkten verschwinden sahen und neu ordern mußten, gefiel dieses Privileg verständlicherweise weniger. Aus einem der Versuche, das Mündener Stapelrecht zu umgehen, resultierte die Gründung Bad Karlshafens. Obwohl zwischenzeitlich das mittelalterliche Privileg die Flußschiffahrt auf der Werra annähernd zum Erliegen gebracht hatte, erfolgte die Aufhebung des Mündener Stapelrechts erst 1823.

Während des 16. und zu Beginn des 17. Jahrhunderts erlebte Münden eine Zeit **wirtschaftlicher Blüte**.

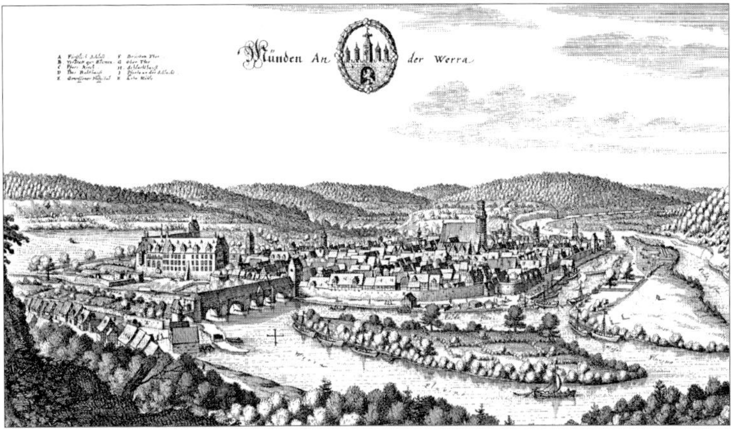

Münden im 17. Jahrhundert, Kupferstich von Caspar Merian

Überliefert ist ein Festessen der 24 Mündener Ratsherren von 1617. Im Verlauf des zweitägigen Gelages verspeisten sie neben zahlreichem Geflügel u.a. einen halben Zentner Fische, 51 Pfund Rind- und Schweinefleisch sowie einen kapitalen Hirsch. Nachgespült wurde mit 201 Litern Wein und 284 Litern Bier.

Die fetten Zeiten währten leider nicht ewig. Im Verlauf des **Dreißigjährigen Krieges** (1618–48) ereignete sich die vielleicht schrecklichste Katastrophe der Stadtgeschichte. Am 30. Mai 1626 eroberten die Truppen Tillys die Stadt nach kurzer Belagerung. Die Stadtbevölkerung bestand damals aus ca. 2500 Einwohnern und 800 hier stationierten Soldaten. Mehr als 2000 Menschen kamen während der von grausamen Plünderungen gefolgten Eroberung ums Leben.

Als Durchgangsstation auf dem Weg in den Tod fungierte Hann. Münden, als 1776 auf der Werra-Insel **Doktorwerder** die hessischen Regimenter auf ihre Verschiffung weserabwärts und den anschließenden Transport zu den amerikanischen Schlachtfeldern warteten. **Georg III.**, hannoverscher Kurfürst und großbritannischer König in Personalunion, hatte mit Friedrich II., Landgraf von Hessen-Kassel, einen ebenso lukrativen wie menschenverachtenden Pakt geschlossen. Georg III. zahlte dem Hessen hohes Kopfgeld für Soldaten, die er im Krieg gegen die amerikanischen Unabhängigkeitstruppen einsetzte. Das »Kanonenfutter« wurde selbstverständlich nicht groß gefragt. Gut bewacht erwarteten die Zusammengetriebenen auf dem Doktorwerder die Einschiffung, und den Mündener Bürgern befahl ein fürstliches Dekret, etwaige Deserteure zu ergreifen und umgehend auszuliefern. 1776 registrierten die Mündener

Stadtakten 19.300 verschiffte Soldaten; 11.400 von ihnen kamen 1783 zurück.
Alexander von Humboldt bezeichnete Hann. Münden einst als »eine der sieben schönstgelegenen Städte der Welt«. Dem großen Forschungsreisenden hat es sicher nicht an Vergleichen gemangelt. Um so bedeutender ist sein Lob. Bis heute hat sich an dieser prächtigen Lage kaum etwas geändert. In den umliegenden **Wäldern** bieten sich zahlreiche Wandermöglichkeiten, und die drei Flüsse um Münden laden ein zu gemütlichen **Bootstouren** und Wassersport. Mit 25.000 Einwohnern ist Hann. Münden eine Kleinstadt geblieben, und das »Fachwerkjuwel« ergänzt die natürliche Schönheit der umliegenden Landschaft.

- *Information*: Verkehrsverein Naturpark Münden e.V. im Rathaus, 34346 Hann. Münden, Tel. 05541/75313, Fax 75404.

Der Reisende wird, wenn er von der Höhe des nachbarlichen ***Andreas-Berges*** *auf die Stadt und das beschränkte, aber freundliche Thal hinabblickt, von den Wunden und Narben der Vorzeit nichts gewahr. Das Schloss, nicht mehr bewohnt, gewährt von oben herab eine ganz stattliche Ansicht und dient den eng zusammengedrängten Häusern und Strassen der Stadt zur Zierde. Ausser jenem Andreas-Berge versäume man nicht den* ***Werder*** *zu besuchen, einen öffentlichen Garten, von dem man die Geburt und die ersten Wellenschläge der jungen Weser belauschen kann. Grosse Anlagen darf man freilich nicht erwarten; indessen ist die Spitze des Garten-Dreiecks, welches zu beiden Seiten von zwei Werra-Armen umflossen wird, denen sich dann die Fulda wenige Schritte weiter hinab zugesellt, eine sehr beschauliche, stille Stelle. Es steht ein Baum just in dieser Spitze, und unter dem Baume eine idyllische Bank. Von dieser blickt man rechts und links in grüne Bergwälder, woran am rechten Ufer die Strasse nach Göttingen in malerischer Windung hinaufschleicht, und vorne dicht unter den Augen des Beschauers schlingt die Weser drei Fäden, zwei aus den Wassern der Werra, und einen aus der Fulda, kunstvoll und friedlich zu ihrem Wellengewebe zusammen, welches sich dann bald zwischen mild geschwungenen Höhen spielend verliert.*
(Franz von Dingelstedt, Das Weserthal, 1838)

Sehenswürdigkeiten

Die **Altstadt** ist ein bauliches Gesamtkunstwerk und dank ausgedehnter Fußgängerzonen auch in Ruhe zu genießen. Als geeigneter Ausgangspunkt für eine Besichtigungstour bieten sich der zentral gelegene Rathausplatz sowie der benachbarte Kirchplatz an.

St.-Blasius-Kirche

Bevor man 1973 den Kirchenboden für den Bau einer neuen Heizungsanlage aufbrach, durften Archäolo-

Werrabrücke in Hann. Münden

gen das historische Terrain sondieren. Ihre Untersuchungen belegen die einstige Existenz eines frühromanischen Vorläuferbaus. Mit dem Ausbau zur gotischen Hallenkirche begann man im 12. Jahrhundert, doch erst 1519 war das dreischiffige Gebäude vollendet. Mit Ausnahme des **Turms** allerdings, den bis 1584 ein gotischer Dachreiter zierte. Dann setzten ihm die Mündener mit dem barocken Turmhelm eine recht bemerkenswerte Krone auf: In Deutschland gibt es nämlich nur wenige erhaltene Zeugnisse barocker Baukunst aus der Zeit vor dem 30jährigen Krieg.

Barock ist auch der **Schnitzaufsatz des Hochaltars**, ein Werk des Heiligenstädter Künstlers Johann Andreas Gräber. Die Sakramentnische hinter dem Altar verdeckt eine mit Flachreliefs verzierte Bronzetür. Auf der um 1400 gefertigten Tür sind Passionsszenen dargestellt.

Aus der Gotik stammt auch die zweite wertvolle Bronzearbeit in St. Blasius. Die **Taufe**, 1392 gegossen von Nikolaus v. Stettin, trägt eine Darstellung von auf Drachen reitenden Männern und zeigt in einem Relief den Schutzpatron der Kirche.

Unter zahlreichen Grabplatten und Epitaphien fällt vor allem der **Sarkophag** des Herzogs Wilhelm II. von Braunschweig (gest. 1503) auf, der seine in Sandstein gemeißelte Darstellung mit Schwert und Wappen selbst in Auftrag gab. Der Deckel wurde in den 70er Jahren restauriert.

- *St. Blasius*: Kirchplatz, Besichtigungen (während der Saison) Mo–Sa 10–12, 15–18 Uhr, So 14–18 Uhr.

Rathaus

Äußerlich scheint das Mündener Rathaus ein Zeugnis reinster Weserrenaissance zu sein, doch der Schein trügt. Im Inneren trägt es den Kern des aus dem 13./14. Jahrhundert stammenden gotischen Ratsgebäudes, das 1603–18 teilweise abgebrochen, teilweise im Stil der repräsentativeren **Weserrenaissance** umgebaut wurde. Jüngste Restaurierungsarbeiten hatten zum Ziel, dem Bauzustand um 1618 möglichst nahezukommen. So prunkt das Rathaus heute wieder mit reichem Schnitzwerk und farbigen Details.
Die Renommierfassade, gestaltet vom Lemgoer Baumeister **Georg Crossmann**, liegt an der dem Marktplatz zugewandten Nordseite. Von dort aus hat man die drei Giebel, die Freitreppe und die Utlucht (Erker) am besten im Blick. Die Uhr im Mittelgiebel zierte einst die alte Werrabrükke. Zu Ehren des Besuchs von Georg II., Kurfürst von Hannover und König von England, baute man die kostbare Uhr 1729 an der Brücke ab und integrierte sie in die Rathausfassade.
Vor dem Rathaus finden während der Saison regelmäßig die **Dr.-Eisenbart-Festspiele** statt. Die historisierenden Festspiele verweisen auf den berühmten, in Hann. Münden begrabenen Medicus der Barockzeit und sind eine Attraktion für Einheimische und Touristen. Bei Regenwetter verlegt man die Aufführung in die Rathaushalle, die auch sonst zu besichtigen ist. In der Halle befinden sich moderne Wandmalereien mit Motiven aus der Stadtgeschichte.

- *Rathaus*: Marktplatz, Besichtigung der Unteren Rathaushalle ganztägig möglich. Führungen Rathaus/Schloß Mai–Sept. Do 10, Sa 14.30 Uhr.

- *Dr.-Eisenbart-Festspiele:* Marktplatz (Rathaus), von Pfingsten bis Ende August an den meisten Sonntagen ab 11 Uhr, Dauer ca. eine Stunde.

Dr.-Eisenbart-Sterbehaus

An der Ostseite des Marktplatzes verläuft die Lange Straße, die vermutlich älteste Straße der Stadt. Unter den zahlreichen Fachwerkbauten entlang dieser historischen Meile fällt das **Haus Nr. 34** durch einen obskuren Fassadenschmuck auf: Eine rotbefrackte Schnitzfigur mustert mit stechendem Blick die Passanten, denen angesichts der scheinbar betriebsbereiten Klistierspritze in den Händen des drohenden Doktors schlagartig unwohl wird.
Hier starb der legendäre Wanderarzt Joh. Andreas Eisenbart (1663–1727). »Er war anders als sein Ruf«, verspricht wohlmeinend die Inschrift unter der Holzfigur. Man ist in Hann. Münden eben sehr um posthume Ehrenrettung für den prominenten einstigen Mitbürger bemüht. Darum stiftete man ihm 1927 im Rahmen eines Festaktes zum 200. Todestag die Statue am Sterbehaus in der Langen Straße. Besonders vertrauenerweckend wirkt der gute Doktor allerdings nicht einmal als Holzfigur.

Rechte Seite: Das prunkvolle Mittelportal des Mündener Rathauses

RATS KELLER
1605
VERBUM DEI
RATS KELLER

Ein Doktor namens Eisenbart

Unter den Wanderärzten seiner Zeit galt Johann Andreas Eisenbart als Meister seines Faches. Auf der ewigen Tournee über Deutschlands Marktplätze begleiteten zeitweise bis zu 120 ständige Mitarbeiter seinen Wagentroß: Seiltänzer, Schwertschlucker, Feuerfresser und andere Artisten, ein »Pickelhering« genannter Clown als Ansager sowie eine Kapelle, die das geschäftsschädigende Schmerzgebrüll der öffentlich behandelten Patienten eifrig mit schmissigen Melodien überspielte. Natürlich diente das »Rahmenprogramm« der Reklame, aber es nahm den Kranken auch die Hemmungen, sich in die Hand des Arztes zu begeben.

Dr. Eisenbart, 1663 in Oberviechtach/Oberpfalz geboren, war Chirurg. Für dieses Metier war kein Universitätsstudium nötig. Bis weit ins 18. Jahrhundert hinein behandelten **akademisch gebildete Ärzte** ausschließlich innere Krankheiten. Schneiden, Nähen, Operieren überließen sie den Handwerkern der Branche, den **Badern, Barbieren und Wundärzten**. Bereits Eisenbarts Vater war Augenarzt, Bruch- und Steinschneider, und Johann Andreas blieb in der Zunft. Er behandelte vor allem Augenleiden, Leisten- und Hodenbrüche, Blasensteine, Hasenscharte und Krebs. Im Rahmen der medizinischen Möglichkeiten seiner Zeit praktizierte er durchaus seriös. Überdies entwickelte er eigene **chirurgische Instrumente** (z.B. eine Nadel zum Starstechen) und fertigte neben Medikamenten auch Bruchbänder, Zahnprothesen und künstliche Augen. Sein Können verschaffte ihm die Anerkennung etlicher Fürstenhäuser und zahlte sich aus. Als er 1727 in Hann. Münden an den Folgen eines Schlaganfalls verstarb, hinterließ er ein großes Haus in Magdeburg und ein beträchtliches Vermögen.

Die Mischung aus Entertainment und seriöser Tüchtigkeit ließ Dr. Eisenbart legendär werden, stellvertretend für alle **Wanderärzte**. Deren Zeit ging nach Eisenbarts Tod langsam zu Ende. Alle Eigenheiten dieser Berufsgruppe dichtete man nun in Spottliedern und Knittelversen dem Dr. Eisenbart an. Dabei war man ebensowenig zimperlich wie die Wundärzte bei ihren Kuren. Im wohl berühmtesten Eisenbart-Lied heißt es: »Zu Wien kuriert ich einen Mann, der hatte einen hohlen Zahn. Ich schoß ihn raus mit der Pistol: Ach Gott, wie ist dem Mann jetzt wohl!«

St.-Ägidius-Kirche

Wenige Schritte vom Dr.-Eisenbart-Sterbehaus entfernt zweigt die Ägidiistraße von der Langen Straße ab. Wie St. Blasius hat auch die Ägidienkirche sakralbauliche Vorläufer – sie steht auf den Fundamenten einer Kapelle, die vermutlich um 1150 entstanden ist. Die ursprünglich rein gotische Ägidienkirche wurde ein Opfer des Dreißigjährigen Krieges, als 1626 ein Pulverturm in der Nachbarschaft explodierte und wesentliche Teile des Gotteshauses in Trümmer legte. 1684 hatte man das einschiffige Langhaus neu errichtet, der Turm wurde erst 1729 vollendet. Vom gotischen Bau blieben nur das Kreuzgewölbe im Altarraum und in der Sakristei erhalten sowie einige Kunstschätze wie der Altaraufsatz und ein Prozessionskreuz.

Als der Turm noch im Bau war, fand **Dr. Eisenbart** in der Ägidienkirche seine letzte Ruhestätte. Sein Grab im Altarraum geriet in Vergessenheit. Erst im 19. Jahrhundert besannen sich die Mündener auf den werbeträchtigen Schatz, polierten die Grabplatte neu und stellten sie an die nördliche Außenmauer der Kirche. Und dort liest der neugierige Tourist:

»Alhir ruhet in Gott / der weiland hochedle hocherfahrene / weltberühmte Herr / Joh. Andreas Eisenbart / königl. großbritannischer und / churfürstl. braunschw. lüneb. / brivilegirte Landarzt, wie auch / königl. breussischer Raht / und Hofoculiste von Magdeborg / geboren anno 1661, gestorben 1727 / am 11. Nov. AETATIS 66 Jahr«.

Leider unterlaufen auch Steinmetzen Schreibfehler: des Doktors eigentliches Geburtsjahr war 1663.

- *St.-Ägidius-Kirche*: Ägidiistr. Die Kirche ist tagsüber, außer während der Gottesdienste, für Besichtigungen geöffnet. Der Dr.-Eisenbart-Grabstein lehnt an der nördlichen Außenmauer und ist daher jederzeit zugänglich.

Rotunde

Südlich der Ägidienkirche liegen die Reste mittelalterlicher **Wallanlagen**. Inmitten des gepflegten Parks an der Kasseler Straße steht die Rotunde (fertiggestellt 1579, restauriert 1986–88), einst Teil der Befestigungen. Viele der hier eingefügten Reliefs und Schmucksteine stammen von bereits früher abgebrochenen Mündener Stadttoren. Im Obergeschoß befindet sich eine Touristen-Information.

- *Rotunde*: vom 14. Mai bis 30. September tägl. geöffnet 10.30–12.30 und 15–17 Uhr.

Hagelturm

Einige Meter westlich der Rotunde steht kurz vor der Pionierbrücke mit dem Hagelturm ein weiteres Relikt der historischen **Stadtmauer**. Nachdem die Turmhöhe 1848 von ursprünglich 24,50 m auf 35,80 m aufgestockt worden war, hagelte es im Inneren tatsächlich: Zur Herstellung von Schrotmunition goß man geschmolzenes Blei durch ein Sieb in der Turmkrone. Während des freien Falls kühlten die Bleitropfen genug ab, um beim Eintauchen in ein am Boden aufgestelltes Wasserbekken ihre Form zu behalten. Dort mußte man das Bleischrot nur noch einsammeln.

Tillyschanze

Für einen Rundblick über die Stadt bietet sich ein Abstecher zur Tillyschanze an. Über die Pionierbrücke erreicht man das Westufer der Fulda, wo ein steiler Weg zur **Rabanenkopf** genannten Anhöhe und zur dort gelegenen Schanze hinaufführt. Der **Aussichtsturm** im Stil einer mittelalterlichen Trutzburg wurde 1881 gebaut und galt von Beginn an als reine Touristenattraktion. Ob Tilly hier jemals schanzen ließ, ist historisch ebenso fragwürdig wie touristisch unbedeutend – der Ausblick über die Stadt lohnt den Aufstieg jedenfalls, und eine Restauration ist auch vorhanden.

- *Tillyschanze*: Aussichtsturm am westlichen Stadtrand, Turmbesteigung möglich von Mitte April bis Ende Oktober. Geöffnet nur bei gehißter Fahne, Mo geschlossen.

Welfenschloß und Städtisches Museum

Von der Rotunde aus erreicht man über Wallstraße und Burgstraße (deren Nr. 19 vermutlich das älteste Haus der Stadt ist, erbaut im Jahre 1381) das Schloß am Werraufer. Ab 1488 richteten sich die Herzöge von Calenberg-Göttingen, eine Nebenlinie der Welfen, hier ihre **Residenz** ein. Nachdem 1561 der Vorgängerbau abgebrannt war, ließ Herzog Erich II. das Schloß im Stil der frühen Weserrenaissance neu errichten. Die Anlage verfügte ursprünglich noch über einen – 1849 abgebrannten – Südflügel. Nach der Zerstörung durch die Soldaten Tillys lag das Schloß lange brach. Es diente später als **Kaserne** und als **Magazin**, bis ab 1898 die Sammlung des **Städtischen Museums** einzog. Neben den historischen Schloßgemächern mit erhaltenen und restaurierten Wandgemälden (das »Gemach zum weißen Roß« schmücken Profangemälde aus der Renaissance) sind zahlreiche Exponate von stadtgeschichtlicher Bedeutung zu besichtigen. Unter ihnen nimmt die Sammlung kunstvoller **Fayencen** besonderen Rang ein. 1753–1854 produzierte die Mündener Manufaktur Hanstein zahlreiche Stücke, die in dieser Sammlung enthalten sind.

- *Welfenschloß und Städtisches Museum*: Schloßplatz. Führung Rathaus /Schloß Mai–Sept. Do 10, Sa 14.30 Uhr. Öffnungszeiten des Museums: Mi–Fr 10–12 und 14.30–17 Uhr, Sa 10–12 und 14.30–16 Uhr, So 10–12.30 Uhr, Mo/Di geschlossen.

»Ochsenkopf«

Vom Schloßplatz westwärts verläuft parallel zum Werraufer die Sydekumstraße. Das **Haus Nr. 8** ist der »Ochsenkopf«, ein 1975–79 restaurierter Ständerfachwerkbau. Diese gotische, spätmittelalterliche Bauart wurde zum Zeitpunkt der Entstehung des Hauses (1528) bereits selten verwendet. Das einstige Wohn- und Lagerhaus ist mittlerweile in Stadtbesitz und wird kulturell genutzt. Es gibt eine Kunstgalerie, Ausstellungen von Töpfer- und Glasblä-

»Wo Werra sich und Fulda küssen…«

serprodukten sowie das regelmäßige Angebot von »Clavier-Creativ«-Wochenendseminaren.

- *»Ochsenkopf«*: Sydekumstr. 8, Öffnungszeiten tägl. 11.30–12.30 und 15–17 Uhr.

Werrabrücke und Weserstein

Wo Sydekumstraße und Lange Straße zusammentreffen, führt die alte Werrabrücke über den Fluß. Sie zählt zu den ältesten erhaltenen **Steinbrücken** Deutschlands, erstmals 1329 urkundlich erwähnt. Aus dieser Zeit stammen noch fünf der sieben Brückenbögen. Die beiden nördlichen Brückenjoche wurden 1861 ersetzt. Die Werrabrücke galt jahrhundertelang als wichtige Verkehrsverbindung und war Schauplatz vieler historischer Ereignisse. Während der wohl schrecklichsten Tage in der Stadtgeschichte warf man nach der Plünderung Hann. Mündens durch Tillys Truppen mehr als 2000 Leichen von der Brücke hinab in die Werra.

Zwischen Altstadt und Ufer gelangt man über Wanfrieder, Bremer und Kasseler Schlagd zur **Mühlenbrücke**. Auf den ersten Blick wirkt auch die Mühlenbrücke mit ihrer hölzernen Überdachung recht betagt. Unter der rustikalen Schale verbirgt sich jedoch der Betonkern eines Neubaus der im Zweiten Weltkrieg zerstörten Brücke. Über ihn führt der Weg auf den **Unteren Tanzwerder**. Am nördlichen Ende dieser kleinen Flußinsel ist endlich der bedeutsame Punkt erreicht:

Wo Werra sich und Fulda küssen,
Sie ihren Namen büßen müssen,

Und hier entsteht durch diesen Kuß Deutsch bis zum Meer der Weserfluß.
Der Reim auf dem hier aufgestellten **Weserstein** entstand offenbar nicht während einer Sternstunde deutscher Dichtkunst, aber die Tatsachen stimmen. Unterhalb des Unteren Tanzwerders vereinigen sich Fulda und Werra ohne sanftes Erröten oder andere spektakuläre Farbspielereien. Was also ohnehin offensichtlich ist, nutzte 1899 eine Fabrikantenfamilie zu einer patriotisch-pathetischen Geste. Man stiftete den kostengünstig neben dem heimischen Kuhstall ausgegrabenen Quarzitstein (Fabrikantenvater) samt Knittelvers (Fabrikantensohn), weihte ihn am 2. September, dem Sedanstag, ein und hielt eine angemessene Rede »an einem der denkwürdigsten Tage der deutschen Geschichte dem deutschesten aller Ströme...«
Der Weserstein ist heute nicht mehr als ein Monument zeitgenössischer Folklore. Von derartigen Strömungen unberührt nimmt die Weser, von Anfang an ein kapitaler Fluß, ihren Lauf durch das Weserbergland.

Die Umgebung Mündens ist überaus reich an schattigen Spaziergängen und schönen Aussichtspunkten. Auf allen Seiten kommt man bald in den prächtigsten Laubwald, der rings um Münden weithin die Berge bedeckt, an steilen Abhängen und Lichtungen aber freie Aussichten auf die Flußtäler mit ihren Feldern und Wiesen, die schön bewaldeten Berge und den mitten im Kessel malerisch liegenden Ort gestatten. Daher eignet sich Münden vor vielen anderen Orten an der Weser zu längerem Aufenthalt. (Führer durch das Oberwesergebiet, 1912)

Bursfelde

Der romantisch am Ostufer der Weser gelegene Flecken Bursfelde ist offiziell ein Ortsteil Hann. Mündens. Doch von der Stadt bis zum Dorf am Rande des Bramwalds sind es 18 Kilometer. So ist Bursfelde ein stiller Platz am Fluß, bei Radwanderern besonders an heißen Sommertagen beliebt als Raststation. Auf der großen Terrasse des Lokals »Zur Klostermühle« finden fahrradmüde Beine Ruh', während sich der Rest des Körpers am erstklassigen, hausgemachten Eistee erquickt.
Obwohl Bursfelde nur wenige Häuser zählt, erkennt man es bereits aus der Ferne am Doppelturm der **Klosterkirche**. Die ältesten Teile an der Westseite des Baus gehen auf das Jahr 1104 zurück, neuere Umbauten wurden 1903–04 ausgeführt. Zu den Schätzen der romanischen, dreischiffigen Kirche zählen **spätmittelalterliche Wandmalereien** (restauriert 1957–59).
Das Kloster Bursfelde wurde 1093 auf Bestreben der Northeimer Grafen gegründet und als Benediktinerabtei mit Mönchen aus dem Klo-

Rechte Seite: Der wuchtige Doppelturm der Bursfelder Klosterkirche

ster Corvey belegt. Unter den Äbten Johannes Dederoth und Johannes von Hagen wurde das Kloster ab 1433 zum Ausgangspunkt der **Bursfelder Kongregation** genannten Reformbewegung, der sich mehr als 100 Klöster anschlossen. Ziel der Bewegung war die Rückkehr zur strengeren Auslegung der Benediktinerregel. Aber auch die Tischmanieren bedurften offenbar der Reform, wie die Hausregeln des Abtes Hagen enthüllen: *Du sollst nicht in den Becher husten und nicht trinken, solange du Speise im Mund hast, wie ein Rind; nicht mit Geräusch trinken wie ein Ochse; nicht gurgeln wie ein Pferd; nicht die Nase in den Becher hängen wie ein Schwein. Die Butter streiche nie mit dem Daumen auf dein Brot. Du sollst nicht schmatzen wie eine Sau. Die Suppe trink nicht vom Teller, sondern iß sie mit dem Löffel, und nicht laut wie ein Kalb schlürft, sondern leise wie eine Jungfrau.*

1542 wurde Bursfelde lutherisch, **1672** endete die Klostertradition. Danach betreute eine Reihe von Äbten ohne klösterliche Aufgaben den Ort. Ab 1828 bis heute nimmt der jeweils älteste Theologieprofessor der Universität Göttingen das Amt eines Bursfelder Abtes ein. Seit gut zwei Jahrzehnten nutzt man die Klosterkirche und einen angeschlossenen Gutshof als **Tagungszentrum.**

- *Kloster Bursfelde:* Informationen über den Verkehrsverein Naturpark Münden e.V., Rathaus, 34346 Hann. Münden, Tel. 05541/75313, Fax 75404.

Hofgeismar

Die nordhessische Stadt am Rande des Reinhardswaldes besitzt einen gut erhaltenen **mittelalterlichen Stadtkern**. Der Ort entwickelte sich aus der Anlage eines fränkischen Edelhofs (»Hovegeismari«) und erhielt bereits um 1320 Stadtrecht. Im 17./18. Jahrhundert sorgte eine Mineralquelle im Ortsteil mit dem programmatischen Namen **Gesundbrunnen** für eine Karriere als Heilbad. Aus dieser Zeit stammt auch das klassizistische Schlößchen Schönburg, heute Residenz der Evangelischen Akademie.

Spaziergänge. *Zu den Schanzen: Durch das Selbertor westlich aus der Stadt, 10 Min.; schöner Rundblick. – Zum Gesundbrunnen am Wege nach Beberbeck, 25 Min. Seit dem Dreißigjährigen Kriege wegen seiner eisenhaltigen Quelle als Bad bekannt, in der neuesten Zeit aufgegeben. In den Gebäuden befinden sich jetzt Predigerseminar, Siechenhaus und landwirtschaftliche Lehranstalt; sehenswert der 1787 angelegte Park mit prachtvollen Bäumen.* (Führer durch das Oberwesergebiet, 1912)

Ein weiteres architektonisches Kleinod steht im Ortsteil **Carlsdorf**. Die Kirche des 1686 von Hugenotten gegründeten Stadtteils – es ist die älteste Hugenottensiedlung in Hessen – gilt landesweit als eine der schönsten Fachwerkkirchen (erbaut 1699).

Marktplatz in Hofgeismar

Neben der verwaltungsmäßig zu Hofgeismar gehörigen Sababurg (siehe Abschnitt Reinhardswald und Sababurg) zählt auch das **Stadtmuseum** zu den Sehenswürdigkeiten. Exponate zur Regionalgeschichte werden hier ergänzt durch eine umfangreiche Ausstellung zur Geschichte und Kultur der **hugenottischen Siedler** in Hessen, darunter die weltweit größte Sammlung hugenottischer Bibeln. Weitere Spezialgebiete sind die Ausstellung zur jüdischen Kultur in Hessen sowie zahlreiche Gemälde der Maler Theodor Rocholl, Wilhelm Hugues und Rolf Weber.

Nur 200 Meter vom Stadtmuseum entfernt liegt das **Apothekenmuseum** im Steinernen Haus, einem Bau aus dem 13. Jahrhundert. Hier sind komplette Ladeneinrichtungen und einschlägige Kuriositäten aus 300 Jahren Hofgeismarer Apothekengeschichte zu besichtigen.

- *Informationen*: Touristikregion Kassel-Land, Kasinoweg 22, 34369 Hofgeismar, Tel. 05671/8001-251.

- *Apothekenmuseum*: Apothekenstr. 5, 34369 Hofgeismar, Tel. 05671/748, geöffnet Mo/Di/Do 10–12 Uhr, Mi 15–18 Uhr, Fr 17–19 Uhr, So 11–13 Uhr und 15–18 Uhr. Führungen nach Vereinbarung.

- *Stadtmuseum*: Petriplatz, 34369 Hofgeismar, Tel. 05671/4791, geöffnet Mo/Di/Do 10–12 Uhr, Mi 15–18 Uhr, Fr 17–19 Uhr, So 11–13 Uhr und 15–18 Uhr. Führungen nach Vereinbarung.

Reinhardswald und Sababurg

Auf einer Länge von 35 km erstreckt sich der Reinhardswald westlich der Weser zwischen Hann. Münden und Bad Karlshafen. Gemeinsam mit dem Bramwald und dem Solling am östlichen Flußufer bildet der Reinhardswald eines der größten zusammenhängenden Waldgebiete Deutschlands. Er erhebt sich über einem Hochplateau aus Buntsandstein mit Basaltkuppen, das zumeist um 300 m über der Weser liegt und oft steil abfällt, was sowohl vom Fluß als auch von der Anhöhe aus reizvolle Perspektiven eröffnet.
Der Reinhardswald liegt nicht nur an der Märchenstraße, er ist *der* deutsche **Märchenwald** überhaupt. Nach stundenlanger Wanderung unter majestätischen Buchen, uralten Eichen und schlanken Tannen glaubt man gern an die Existenz von Waldgeistern und hält übelriechende Verbrennungsmotoren für die Ausgeburt kranker Phantasie.

Das Urwaldmäßige freilich, das der Wald in manchen Teilen früher hatte, ist infolge der modernen Forstwirtschaft fast überall geschwunden, nur ein kleines, 70 ha großes Gebiet südlich der Straße Sababurg-Beberbeck wird als Naturdenkmal in seinem alten Zustande erhalten. Auch der Wildreichtum ist gegen früher bedeutend zurückgegangen, gleichwohl aber trifft man noch sehr häufig, besonders wenn man gegen Abend über die mit einzelnen alten Eichen bestandenen, von kleinen Wasserläufen durchzogenen Lichtungen wandert, eine Menge Rotwild, auch Hirsche, und Schwarzwild. – Die Steinbrüche des Reinhardswaldes liefern guten Basalt und Sandstein, auf den Zechen Fahrenberg, Silberborn und Osterberg werden Braunkohlen gewonnen, der Hauptwert des Gebirges aber besteht in seinem großen Holzreichtum. (Führer durch das Oberwesergebiet, 1912)

Hänsel, Gretel und der dicke, fette Pfannekuchen – sie alle liefen in den Wald hinein. Etliche deutsche Märchen haben ihren Schauplatz in der einst landesweit typischen Urlandschaft. Jacob und Wilhelm Grimm, die bekannten Sammler volkstümlicher Erzählstoffe, ließen sich viele dieser Märchen von einer alten Dame namens Dorothea Viehmann erzählen. Sie lebte in Niederzweh-

Rechte Seite: Blick auf die Sababurg

Es war einmal…

Als Jacob und Wilhelm Grimm 1812 erstmals die »Kinder- und Hausmärchen« veröffentlichten, stand der spätere publizistische Welterfolg ihrer Märchensammlung noch in den Sternen. Erst 20- bzw. 21jährig, waren die philologisch vorgebildeten Brüder von den **Romantikern** Clemens Brentano und Achim von Arnim für eine Mitarbeit an der Volksliedsammlung »Des Knaben Wunderhorn« gewonnen worden. Diese noch unselbständige Zuarbeit für eine Dokumentation der »Volkspoesie« bildete den Ausgangspunkt ihrer eigenen Märchen- und Sagensammlung – allerdings mit einem gewichtigen Unterschied: Im Gegensatz zu ihren romantischen Dichterfreunden werteten die Brüder Grimm nicht ausschließlich literarische Quellen von hohem künstlerischen Niveau aus, sondern sie stützten sich auch auf die **mündliche Überlieferung**.

Gesammelt haben die Brüder, die in Hanau geboren und in Steinau aufgewachsen sind, vor allem innerhalb Hessens und Westfalens. Ihre Gewährspersonen für die mündlich tradierten Märchenstoffe kamen fast ausschließlich aus dem gehobenen Bürgertum; zumeist waren es junge, gebildete Damen aus den mit den Grimms befreundeten Familien Hassenpflug, Haxthausen und Droste-Hülshoff. Obwohl Jacob und Wilhelm Grimm also bei ihrer Sammeltätigkeit darum bemüht waren, der zeitgenössischen Volksüberlieferung möglichst nahe zu kommen und die gehörten Texte inhaltlich treu und vollständig wiederzugeben, sind ihre »Kinder- und Hausmärchen« eben nicht dem Volke, also der ländlichen Bevölkerung, sondern dem **bürgerlichen Milieu** abgelauscht.

Die märchenhaften Erzählstoffe, die die Grimms in ihre Quellensammlung aufnahmen, wurden von den Brüdern außerdem stilistisch bearbeitet und einem einheitlichen erzählerischen **Märchenton** angepaßt. Sie taten dies nicht zuletzt mit Rücksicht auf ihr Lesepublikum. So betonen die Brüder in ihrer Vorrede zur 2. Auflage der »Kinder- und Hausmärchen« eigens, daß sie durch ihre Sammlung »nicht bloß der Geschichte der Poesie und Mythologie einen Dienst erweisen wollten, sondern es zugleich Absicht war, daß die Poesie selbst, die darin lebendig ist, wirke und erfreue, wen sie erfreuen kann, also auch, daß es als ein Erziehungsbuch diene.«

Als Wilhelm Grimm 1825 nach englischem Vorbild eine sogenannte **Kleine Ausgabe** der »Kinder- und Hausmärchen« speziell für Kinder erstellte, war eine publizistische Alternative zur ursprünglich rein wissenschaftlichen Edition geschaffen, die sich zu einem ansehnlichen verlegerischen Erfolg entwikkeln sollte. Heute sind die Grimmschen Märchen in über 100 Sprachen übersetzt und wirkten in aller Welt als Vorbild für Sammlungen von mündlich tradiertem Erzählgut. Daß auch im modernen 20. Jahrhundert »Dornröschen« und »Hans im Glück« nichts von ihrer Anziehungskraft verloren haben, ist ein Beleg mehr für die erfolgreiche **Pädagogisierung** und Popularisierung der Kindermärchen.

ren, am Südrand des Reinhardswaldes. Die einsame Lage der **Sababurg**, inmitten des Reinhardswaldes, erleichtert die Illusion, es könne sich hierbei um das sagenhafte Dornröschenschloß handeln. Der Grund ihrer Errichtung hat allerdings mit einem Märchen nichts gemeinsam: 1334 begannen die Bauarbeiten an dem zunächst »Zapfenburg« genannten Gemäuer, das als Schutz für das kurz zuvor zum Wallfahrtsort avancierte Nachbardorf Gottsbüren diente. Bereits hundert Jahre später lag es brach, bis im 16. Jahrhundert die hessischen Landgrafen auf der Burgruine ein **Jagdschloß nebst Gestüt** errichten ließen. Im Verlauf des 19. Jahrhunderts verfiel die Sababurg zur malerischen Ruine. Erst ihre Entdeckung als Touristenattraktion setzte dieser Entwicklung ein Ende.

Der kleine, aber feine Garten vor der Ruine ist mit begrünten Pavillons und plätscherndem Brunnen wiederhergestellt. Ein kurzer Spaziergang um die Burg ermöglicht weite Ausblicke ins Land. Noch grandioser ist die Sicht von einem der restaurierten Türme. Von dort läßt sich auch der Hof der dachlosen Ruine überblicken, in dem ganzjährig regelmäßig **Konzerte und Theateraufführungen** stattfinden (Konzerte sonntags um 17 Uhr, Theater mittwochs und freitags 20.30 Uhr, samstags 18.30 Uhr). Bei ungünstiger Witterung finden die Veranstaltungen im Gewölbekeller der Burg statt. Dort befindet sich auch das SabaBurgTheater, die 1993 gegründete, burgeigene Bühne.

Im einstigen Kanzleigebäude der Sababurg befindet sich ein Hotel mit Restaurant und Café. Wer sein Dornröschen endgültig wachküssen möchte, kann hier sogar heiraten – ein Standesamt ist angeschlossen. Garantiert lebt man dann glücklich bis an sein Lebensende, frei nach den Gebrüdern Grimm.

- *Informationen*: Dornröschenschloß Sababurg, Fam. Koseck, 34369 Hofgeismar, Tel. 05671/8080, Fax 808-200.

Tierpark Sababurg

In unmittelbarer Nähe der Sababurg liegt einer der ältesten Tierparks Deutschlands. 1571 ließ Landgraf Wilhelm IV. das Gehege anlegen und mit Gemsen, Elchen und Rentieren beleben. Die den Park umschließende Natursteinmauer stammt noch aus dieser Zeit. Nach dem Zweiten Weltkrieg begann man gezielt mit der Ansiedlung bedrohter einheimischer Tierarten. So erleben die Besucher noch heute im Tierpark Sababurg Wisente, Hirsche, Wölfe oder Biber. Es gibt hier aber auch exotische Tiere – wie Pinguine oder Affen – zu bewundern. Kindern gefällt der speziell eingerichtete **Kinderzoo** und der Spielplatz mit Mini-Eisenbahn und anderen Attraktionen. Freunden des gepflegten Halalis bietet das angeschlossene **Jagd- und Forstmuseum** Erbauliches. Das Museumsgebäude ist selbst ein Museumsstück – ein 350 Jahre altes diemelsächsisches Bauernhaus. Wer Kunsthandwerk betrachten und vielleicht erwerben möchte, kann die

Märchenfiguren aus Ton

Märchentöpferei im Vorwerk der Sababurg besuchen. Der bezaubernde Garten vor der Töpferei ist im wahrsten Sinne märchenhaft: Bereits am Eingang steht der gestiefelte Kater neben der Gänseliesel, und im Garten selbst warten weitere Grimmsche Figuren in Lebensgröße.

- *Tierpark Sababurg/Jagd- und Forstmuseum*: geöffnet Mai–August 8–19 Uhr, im Winter 10–16 Uhr.

Urwald Sababurg

Seit dem ausgehenden Mittelalter gehörte der Reinhardswald zur Domäne der hessischen Landgrafen. Sie wachten eifrig über ihr Jagdrecht – gräfliche Förster und pirschende Wilddiebe lieferten sich regelmäßig blutige Scharmützel –, aber abgesehen davon ließen sie den Wald weitgehend in Ruhe. Der Gier nach wertvollem Bauholz setzte die Notwendigkeit eines intakten Buchen- und Eichenbestandes Grenzen. Die Bewohner der umliegenden Dörfer trieben Kühe, Schafe und Schweine zur Bucheckern- und Eichelmast in den Wald.

Zu Beginn des 20. Jahrhunderts wies man ein ca. 92 ha großes Waldstück westlich der Sababurg zum **Naturschutzgebiet** aus. Schon lange zuvor war das Areal jeder forstwirtschaftlichen Nutzung entzogen geblieben. Wanderwege führen den Besucher durch diesen Urwald, vorbei an knorrigen, bis zu 600 Jahre alten Baumriesen. Gestürzte Stämme bleiben moosüberwuchert liegen, hier ist die Natur der einzig aktive Forstarbeiter. Wenn dann schließlich durchs Dickicht die Mauern der Sababurg wieder ins Blickfeld geraten, wähnt man sich endgültig im Mittelalter.

Trendelburg

Wenige Kilometer nordwestlich der Sababurg liegt der kleine 6000-Einwohner-Ort Trendelburg, benannt nach der gleichnamigen **Burg**, die wie ein Wächter auf einem 50 m hohen Sandsteinfelsen über der Ortschaft thront. Die Trendelburg stammt aus dem 13. Jahrhundert, ist also noch etwas älter als das »Dornröschenschloß«. Sie befindet sich in Privatbesitz, aber auch hier vermittelt ein Burghotel den Gästen das nicht alltägliche Gefühl, einmal Burgherrin oder -herr zu sein.

Der Ort Trendelburg liegt an der **Diemel**, einem kleinen Nebenfluß der Weser, der bei Bad Karlshafen in den großen Strom mündet. Neben der Burg ist die **Stadtkirche** aus dem 15. Jahrhundert mit ihren spätgotischen Wandmalereien eine weitere Sehenswürdigkeit.

Die Zeit hat die fromme Physiognomie des Distriktes zwischen dem Bramwalde und dem Reinhardswalde gewaltig verändert. Wo sonst Klosterglöcklein in die Stille der Berge und über den ihr Grün treu wiederspiegelnden Strom ihre Stimme sandten, da pochen jetzt Eisenhämmer, sprühen die Veckernhager Fabriken, spreizen sich kleine, im Walde halb versteckte Flecken und Landstädtchen. Von den drei Burgen, der Bramburg, unweit Bursfeld zum Schutze der Klostergüter angelegt, der Sababurg auf dem linken Weserufer, und der Lippoldsburg, nahe dem jetzigen Flecken gleichen Namens, hat die heutige Zeit nur dürftige Spuren, und diese kaum, aufzuweisen. Im Munde des Volkes lebt aber noch die Sage, drei heidnische Prinzessinnen, Brama, Lippola und Saba, hätten jene Burgen einst erbaut, womit die Geschichte von der Gründung Trendelburgs, an dem nicht weit entlegenen Ufer der Diemel, durch Trendula vielleicht auch zusammenhängt. (Franz von Dingelstedt, Das Weserthal, 1838)

- *Information*: Verkehrsamt Trendelburg, Rathaus, 34388 Trendelburg, Tel. 05675/7499-0, Fax 5112

Gottsbüren

Das abgeschieden gelegene Gottsbüren ist heute ein Ortsteil von Trendelburg. Zwei Besonderheiten hat das Dörfchen zu bieten: Neben der scheinbar überdimensionierten Kirche ist auch die Lage Gottsbürens eine Rarität. Noch um 1300 hatte es im Reinhardswald etliche kleine Dörfer gegeben. Die meisten davon fielen bereits im Verlauf des 14. Jahrhunderts wüst und wurden vom Wald überwuchert. Einzig Gottsbüren überdauerte als größere menschliche Ansiedlung inmitten des Reinhardswaldes. Der Chausseeausbau zwischen Trendelburg und Gieselwerder beeinträchtigte zwar den insularen Charakter, aber ein ruhiges Fleckchen ist Gottsbüren dennoch.

Das war nicht immer so. Um 1330 – das Dorf trug seinerzeit den wenig erbaulichen Namen »Hundsbüren« – geschah ein **Mirakel**, über dessen Ablauf zwei Erzählvarianten existieren: Entweder fanden einheimische Bauern in Dorfnähe eine männliche Leiche mit Wunden, die denen des gekreuzigten Christus glichen, oder der Fund bestand aus einer blutbefleckten Hostie. Wie auch immer, es handelte sich jedenfalls um einen aufsehenerregenden Fund, der sich ebenso blitzschnell wie weiträumig herumsprach.

Der einstige Wallfahrtsort Gottsbüren

Gläubige, Hilfesuchende und Neugierige machten sich flugs auf die Wallfahrt zum plötzlich gar nicht mehr stillen Dörfchen, das der unverhofften Würde Rechnung trug, indem es das »Hunds-« in ein »Gottsbüren« verwandelte. Da das **Wallfahrtswesen** einerseits gute Geschäfte versprach, andererseits wahrscheinlich das Organisationstalent der biederen Dörfler überstieg, übernahmen die Benediktinerinnen des Klosters Lippoldsberg alsbald die eigentliche Leitung. Neben dem Kloster verdiente auch der Mainzer Erzbischof an den Wallfahrten, denn ein Drittel der Einnahmen aus Gebühren und Opfergaben ging an ihn. Dieser Anteil war beträchtlich genug, um den Bau der **Sababurg** zum Schutz der mitunter reichlich mit Geschenken versehenen Wallfahrer in Auftrag zu geben.

In Gottsbüren selbst war zunächst eine bescheidene Kapelle Ziel der Wallfahrt. Im ausgehenden 14. Jahrhundert baute man dann an ihrer Stelle die **Kirche**, die wie die Trendelburger Stadtkirche mit spätgotischen Malereien ausgestattet ist. Kaum war die Kirche fertig, ließ der Strom der Pilger allmählich nach. Heute erinnert nur noch eine steinerne Christusfigur mit deutlich ausgeprägten Wundmalen an die heilige Legende von einst und an die Geschichte, wie die große Kirche in das kleine Dorf kam.

- *Information*: Verkehrsamt Trendelburg, Rathaus, 34388 Trendelburg, Tel. 05675/7499-0, Fax 5112.

Gemeinde Oberweser

Die Gemeinde Oberweser ist entstanden aus dem Zusammenschluß der Dörfer Arenborn, Gewissenruh, Gieselwerder, Gottstreu, Heisebeck und Oedelsheim zu einer Verwaltungseinheit. Die Gemeinde ist staatlich anerkannter **Luftkurort**. Trotz der vielen Gäste ist die Gemeinde selbst während der Hauptsaison ein ruhiger Ferienort, da sich der Trubel auf die verschiedenen Dörfer verteilt. Von hier aus lassen sich Ausflüge in den Reinhardswald und Bramwald unternehmen oder Bootstouren auf der Weser organisieren. Aber auch vor Ort läßt sich einiges entdecken. Nicht versäumen sollte man den **Mühlenplatz in Gieselwerder**. Auf einem Freilichtgelände führt ein Spaziergang durch eine Ausstellung von mehr als 90 Burgen, Schlössern, Mühlen und anderen historischen Bauten – alle als Miniaturmodelle in den Maßstäben 1:25 und 1:40 nachgebildet.

- *Informationen*:
  Verkehrsamt der Gemeinde Oberweser, Haus des Gastes, In der Klappe 1, 34399 Oberweser-Gieselwerder, Tel. 05572/9373-20, Fax 817.
  Verkehrsamt der Gemeinde Oberweser, 34399 Oberweser-Oedelsheim, Tel. 05574/307, Fax 5242.

- *Mühlenplatz*: 34399 Oberweser-Gieselwerder, Tel. 05572/1510, geöffnet 1. April bis 30. Sept. tägl. 9–18 Uhr, 1. bis 15. Oktober tägl. 9–17 Uhr.

Wahlsburg-Lippoldsberg

Am östlichen Weserufer, der Gemeinde Oberweser gegenüber, liegt Wahlsburg. Weitaus bedeutender als der Hauptort war einst der Ortsteil Lippoldsberg, dessen Name auf die Gründung im 11. Jahrhundert durch den Mainzer Erzbischof **Luitpold** zurückgeführt wird. 1151 wurde die Kirche des hier ansässigen Benediktinerinnenklosters vollendet. Seine Blütezeit erlebte das Kloster Lippoldsberg vom 12. Jahrhundert bis zum Gottsbürener Wallfahrtsboom im 14. Jahrhundert. Die **Klosterkirche** zählt zu den bedeutendsten hochromanischen Bauwerken Norddeutschlands. Ursprünglich besaß sie einen Doppelturm. Diese Anlage wurde jedoch während des Dreißigjährigen Krieges zerstört, lediglich den Südwestturm baute man 1772 wieder auf. Als erster großer Kirchenbau der Region wurde das dreischiffige Gebäude vollständig mit Gewölbedecken ausgestattet. Im Westen des Langhauses liegt die »Nonnenkrypta«, eine säulengeschmückte Empore von beeindruckender Harmonie. Die Besichtigung ist ganzjährig möglich.

In Lippoldsberg findet man auch das **Museum im Schäferhaus**. Wenn im alten Backhaus Brot gebacken wird oder in der Museumsschmiede schwere Hämmer Funken schlagen, läßt sich das dörfliche Leben vergangener Zeiten nacherleben. Im »Museum zum Anfassen« können sich Kinder spielend Geschichtskenntnisse aneignen.

- *Informationen*: Verkehrsamt Wahlsburg, Am Mühlbach 15, 37194 Wahlsburg, Tel. 05572/1077, Fax 1768.

- *»Museum im Schäferhaus«*: Schäferhof 22, 37194 Wahlsburg-Lippoldsberg, geöffnet 1. Mai – 31. Oktober Mi 15–18, So 15–18 Uhr und nach Vereinbarung unter Tel. 05572/7360 (Dr. Arnulf Grimm).

Uslar

*Der **Solling**, eine gewaltige unzerrissene Gebirgsmasse, dehnt sich nach jeder Richtung etwa 22 km weit aus und ist, abgesehen von dem Harze, das größte Waldrevier im Nordwesten Deutschlands. Langsam steigt das Gebirge auf allen Seiten an zu weiten Hochebenen mit Eichen- und Fichtenwaldungen, mit schönen Bergwiesen, auch Torfmooren, über welche sich nur wenig die flachgerundeten, meistens bewaldeten Gipfel erheben. Der höchste Gipfel ist die **Große Blöße** am Wege Silberborn–Dassel, mit 528 m die höchste Erhebung im eigentlichen Wesergebiet; der **Moosberg** (=Moorberg) bei Neuhaus, der früher dafür galt, hat nur 513 m und wird auch noch vom Gr. Ahrensberg (516 m) übertroffen. Größere Talbildungen gibt es im Solling nicht; daher fehlen auf dem Gebirge bedeutendere Ansiedlungen. Aber viele strahlenförmig von der Mitte nach allen Seiten hin verlaufende tiefe Täler durchschneiden das Gebirge; vom schönsten Laub-Hochwald eingefaßt und von guten Wegen durchzogen, gewähren sie herrliche Spaziergänge, die an Schönheit nicht selten denen des Harzes gleichkommen. Hier und da ist in ihnen Raum zu langgestreckten Dörfern. Die Bewohner treiben besonders Holzflößerei und Töpferei und finden Beschäftigung in zahlreichen Glashütten und Steinbrüchen. (Führer durch das Oberwesergebiet, 1912)*

Uslar liegt im Weserbergland und ist gleichermaßen das Tor zum Naturpark Solling-Vogler. Auch in dieser im 13. Jahrhundert gegründeten Stadt stehen **zahlreiche Fachwerkhäuser** aus Spätmittelalter und Früher Neuzeit. Eines der ältesten (erbaut 1576) steht in der Langen Straße 12 (heute Hotel Menzhausen). Dieselbe Straße führt zum **Rathaus**, dessen Erdgeschoß bereits 1476 entstanden ist und im 17. Jahrhundert durch die übrigen Gebäudeteile ergänzt wurde. Die kurze Besichtigungstour schließt einen Besuch der hinter dem Rathaus gelegenen St. **Johanniskirche** ein. Glanzstück der 1470 vollendeten Kirche ist der geschnitzte Flügelaltar mit Darstellungen der Leidensgeschichte Christi. Bei Restaurierungsarbeiten zu Beginn des 20. Jahrhunderts wurden außerdem im mittleren Chorfenster die Reste alter Glasmalereien zusammengefügt, die als qualitativ hochwertige Arbeiten des 15. Jahrhunderts gelten dürfen.
Das scheinbar bodenständige Uslar kann auch mit exotischen Überraschungen aufwarten. Dazu zählt u.a. der **Schmetterlingspark** »alaris«, in dessen Halle drei Klimazonen

Uslar im 17. Jahrhundert, Kupferstich von Caspar Merian

von Mitteleuropa bis zum tropischen Regenwald untergebracht sind. Auf dem Gang durch die üppige Vegetation lassen sich alle Stadien eines Schmetterlinglebens vom Ei bis zum Prachtfalter aus nächster Nähe betrachten. Die größten vertretenen Exemplare, Atlasspinner aus Südostasien, bringen es auf die beachtliche Flügelspannweite von 30 cm.

Freibäder und Hallenbäder gibt es in vielen Orten des Weserberglandes. In Uslar bietet man auf diesem Freizeitsektor allerdings Besonderes: das »Uslarer Badeland«, ein Frei- und Hallen-Badeparadies mit separatem Eltern-Kind-Bereich, Ruhezonen und einer 84 m langen Wasserrutsche.

Eine weitere Attraktion ist das **Kalibergbau-Museum** im acht Kilometer von Uslar entfernten Ort Volpriehausen. In vier Abteilungen wird die Entwicklung des historischen Kalibergbaus von den Anfängen bis zur Mitte des 20. Jahrhunderts dargestellt.

- *Informationen*: Touristik-Information »Ferienregion Uslarer Land«, Altes Rathaus, 37170 Uslar, Tel. 05571/5051, Fax 6295.

- *Hallenbad »Uslarer Badeland«*: Zur Schwarzen Erde, 37170 Uslar, Tel. 05571/1664, geöffnet Mo 7.45–9 und 11.30–13 Uhr, Di, Mi, Do, Fr 7.45–9, 11.30–13 und 14.30–21 Uhr, Sa 9–18 Uhr, So 8–18 Uhr.

- *Kalibergbau-Museum Volpriehausen*: 37170 Uslar-Volpriehausen, Tel. 05573/541, geöffnet April bis Oktober Sa 15–17 Uhr, für Gruppen ganzjährig nach Vereinbarung.

- *Schmetterlingspark »alaris«:* Zur Schwarzen Erde, 37170 Uslar, Tel. 05571/6734, geöffnet 1. April bis Ende Oktober tägl. 9.30–17.30 Uhr.

Das Dorf ***Volpriehausen*** *verdankt seinen schnellen Aufschwung den reichen Bodenschätzen. Es besteht dort ein großes Kaliwerk und eine Brikettfabrik, die durch Drahtseilbahn mit dem Braunkohlenbergwerk bei Delliehausen verbunden ist; Besichtigung der letzteren beiden wird im Kontor des dicht am Bahnhof gelegenen Direktionsgebäudes gestattet. Ferner ist hier die Endstation der Betriebsbahn der großen Basaltbrüche auf der Bramburg. Wegen der Nähe des Waldes und der mannigfaltigen Umgebung ist der Ort auch als Sommerfrische zu empfehlen.* (Führer durch das Oberwesergebiet, 1912)

Gierseilfähre in Wahmbeck

Bodenfelde

Bei Bodenfelde sieht die Weser aus, wie ein Fluß aus dem Bilderbuch auszusehen hat: Sie schlängelt sich durch sattes Grün. Nordwestlich des Ortes windet sie sich in einer besonders gelungenen Mäanderschleife um den **Kahlberg** (Höhe 225 m). Wie eine Insel vulkanischen Ursprungs ragt der Berg aus der Landschaft. Auf einer Seite fließt die Weser, auf der anderen trennt die noch erkennbare Rinne eines früheren Flußverlaufs den Kahlberg von den südlichen Ausläufern des Solling.
Dem kleinen Flecken Bodenfelde, der es zusammen mit den eingemeindeten Dörfern Wahmbeck, Amelith, Nienover und Polier gerade auf etwa 4300 Einwohner bringt, sieht man nicht an, daß er im 15. Jahrhundert Stadtrecht besaß. Heute gilt Bodenfelde als beschaulicher Erholungsort, und aufgrund seiner Lage zwischen Solling, Reinhardswald und Bramwald ist er ein idealer Ausgangspunkt für Wanderungen. Beide Weserufer lassen sich vom Ortsteil Wahmbeck aus ebenso praktisch wie stilvoll mit der historischen **Gierseilfähre** erreichen.

Bodenfelde. *Die Einwohner treiben Ackerbau, doch macht sich auch Handel und Spedition bemerklich. Auch etwas Schiffahrt und Schiffsbau wird getrieben. Es finden sich hier Salz- und Schwefel-Quellen, welche aber gegenwärtig nicht benutzt werden. Dicht an der Weser oberhalb der Fähre findet sich ein Säuerling, dessen Wasser im Frühjahr häufig getrunken wird. – Etwa 1½ Stunde vom Orte liegt eine große Spiegelfabrik* ***Amelieth****, etwas näher eine Polirfabrik. Die hier befindliche Papiermühle gehört der Commüne Bodenfelde.* (August Engel, Weserbuch, 1845)

Ein beliebtes Wanderziel ist das **Jagdschloß Nienover** (erbaut 1144). Es ist über die Wanderwege entlang des Reiherbachtals in ca. 2,5 Std. von Bodenfelde aus zu erreichen. Die Anfahrt ist auch über eine Autostraße möglich.

- *Information*en: Tourist-Information Bodenfelde, Bleekstr. 23, 37194 Bodenfelde, Tel. 05572/936-925, Fax 936-991.

Bad Karlshafen

Ein barocker Stadtkern, ein Kanal ins Nichts, ein Hafen ohne Schiffe, eine deutsch-französische Stadt im Dreiländereck zwischen Hessen, Niedersachsen und Nordrhein-Westfalen – Bad Karlshafen ist sicher eine der originellsten Weserstädte.

Ende des 17. Jahrhunderts war hier nichts als das Sumpfgelände der **Diemelmündung**. Damals wie heute gehörte der Platz zu Hessen. Dem **Landgrafen Carl von Hessen-Kassel** (1654–1730) stellten sich zwei Probleme: Seit dem Dreißigjährigen Krieg hatten sich weder die Bevölkerungszahlen noch die einheimische Wirtschaft von den erlittenen Verlusten erholt, und das Hann. Mündener Stapelrecht behinderte den Handelsverkehr der Kasseler Kaufleute über die Weser erheblich.

In dieser Situation kamen die hugenottischen Glaubensflüchtlinge aus Frankreich dem Landgrafen sehr gelegen, ließ sich doch nun demonstrieren, was den wahren Fürsten ziert: Gnade, Schlauheit und Mut zum Risiko. Die landesgräfliche Vision umfaßte die Gründung einer Hafenstadt an der Diemelmündung, gebaut und bevölkert von den neuen Untertanen, und die Anlage eines Kanals über Hofgeismar nach Kassel, um das leidige Mündener Stapelrecht zu umgehen. Carl sah in der geplanten Stadt auch den künftigen Standort einer Textilproduktion, denn viele der **Hugenotten** kamen aus einschlägig spezialisierten Handwerksberufen. Gleich nach der folgenschweren Aufhebung des Edikts von Nantes (1685) ließ Carl seine Bereitwilligkeit zur Aufnahme hugenottischer Flüchtlinge verkünden. Unterstützend initiierte er sogar die Verteilung von Werbeprospekten in Frankreich. Die französisch verfaßten Broschüren enthielten neben einer Landesbeschreibung konkretes Zahlenmaterial, beispielsweise die Auflistung gängiger Nahrungsmittelpreise.

Im Sommer **1699** erreichten die ersten Flüchtlinge die Diemelmündung. Angesichts der öden Sumpflandschaft mag mancher von ihnen am eigenen sowie am Verstand des Landgrafen gezweifelt haben. Doch bereits im Herbst hatten sie das Gelände so weit aufgeschüttet und befestigt, daß Baumeister Friedrich Conradi am 18. September 1699 den ersten Grundstein legen konnte. Mit Behelfsbauten gaben sich die Planer

Folgende Seiten:
Blick auf Bad Karlshafen

um Graf Carl nicht ab. In großem Stil entwarfen sie, antikem Schönheitsideal entsprechend, eine **repräsentative Portalstadt** nach mathematischem Grundprinzip. Höhe, Breite und Tiefe aller Häuser stehen im Verhältnis zwei zu drei. Prunkstück der Anlage war (und ist) das **Hafenbecken**, in dem einlaufende Schiffe statt zwischen Lagerschuppen vor weißgetünchten Barockfassaden hätten festmachen können – leider legte nie ein Schiff hier an.

Unverzüglich begannen nach der Stadtgründung die Arbeiten an dem ehrgeizigen Kanalprojekt. Noch während der Bauphase träumte der Landgraf bereits von einer Verlängerung des Kanals über Kassel hinaus, möglichst gar bis zum Rhein. Eine Weser-Rhein-Verbindung hätte neue Handelswege erschlossen. Doch nachdem der Kanal bis in die Gegend von Hümme gegraben war, saßen die kühnen Konstrukteure auf dem Trockenen. Die Wassermenge der Diemel reichte nicht für eine schiffbare Kanaltiefe. Der Kanal verfiel bis auf einen kümmerlichen Wurmfortsatz jenseits des Bad Karlshafener Hafenbeckens, und mit dem Tod des Landgrafen Carl 1730 starb dieses Projekt endgültig. Die Stadt blieb trotzdem ein eindrucksvolles Denkmal für den umtriebigen Fürsten. Verdientermaßen hatte man den zunächst gewählten Ortsnamen **Sieburg** bereits 1718 dem Landesherrn zu Ehren durch »Carlshafen« ersetzt. Zwar blieb das Hafenbecken kaum mehr als ein Zierteich, aber die Stadt florierte dennoch. Jacques Galland, »Maitre aphoticaire et chirurgien«, entdeckte 1730 die Karlshafener **Solequelle**, deren salzhaltige Produkte den Wohlstand der Stadt begründeten. Hessens Anschluß an den Deutschen Zollverein (1835) vernichtete diese Existenzgrundlage – als Bedingung für die Mitgliedschaft mußte sich das Land verpflichten, kein Salz über den Eigenbedarf hinaus zu produzieren.

Der findige Pfarrer Eduard Suchier bemühte sich deshalb einige Jahre später um eine andere lukrative Verwendungsmöglichkeit der heimischen Sole. So kam der Karlshafener Kurbetrieb bereits im 19. Jahrhundert in Schwung.

__Carlshafen__ konnte sich in den auf seines Gründers Tod folgenden kriegerischen Zeiten nur langsam entwikkeln. Der ganz regelmäßig in Vierekken gebaute Ort mit seinem durch das Diemelwasser gespeisten Hafen und den breiten, geraden Straßen aus oft gleichförmig gebauten Häusern macht noch immer den Eindruck einer sehr freundlichen, aber künstlich angelegten Stadt. Doch sind Handel und Industrie in der neueren Zeit zu einiger Bedeutung gelangt: Tabak- und Zigarrenfabriken, Ton- und Holzwarenindustrie. Zum Güterverkehr auf der Weser steuert Carlshafen besonders Sandsteine bei. Als Sommerfrische und Ruhesitz reicher Leute und Pensionäre ist es in den letzten Jahren immer mehr in Aufnahme gekommen.
(Führer durch das Oberwesergebiet, 1912)

Am Hafenbecken

Seit 1977 schmückt sich die 5000-Einwohner-Stadt offiziell mit dem Titel eines Bades. Heute profitiert sie von der Verbindung schöner Umgebung mit historischen Fassaden und modernen Kureinrichtungen.

- *Informationen*: Kurverwaltung Bad Karlshafen, Rathaus, Hafenplatz 8, 34385 Bad Karlshafen, Tel. 05672/9999-24, Fax 9999-25.

Sehenswürdigkeiten

Hafenplatz

Andere Weserstädtchen haben einen Marktplatz inmitten gemütlicher Fachwerkhäuser als Zentrum. Bad Karlshafen renommiert mit seinem Hafenbecken, umsäumt von strahlend weißen **Barockfassaden**. Der historische Stadtkern blieb geschlossen erhalten. An vielen Häusern befindet sich die Inschrift CLZH, die stolz den Namen des Gründers dokumentiert: Carl, Landgraf zu Hessen. Die meisten der alten Gebäude besitzen zur Straßenseite hin genau fünf Fenster pro Stockwerk – eine hugenottische Gewohnheit: In Frankreich bestand damals eine Fenstersteuer, von der nur Häuser befreit waren, die nicht mehr als fünf Fenster nebeneinander aufwiesen.

Die Südseite des Hafenplatzes wird vom Rathaus bestimmt, das 1715–18 als Packhaus und gräfliche Residenz errichtet wurde. Viermal täglich erfreut das **Rathaus-Glockenspiel**

die Passanten (11, 15, 17 und 19 Uhr). Im **Rathaus** selbst befinden sich neben der Stadtverwaltung auch die Touristikinformation und die Kurverwaltung. Außerdem ist im Foyer ein Modell der Stadt zu besichtigen, ausgeführt nach historischen Bauplänen, die aber letztlich nicht in jedem Detail realisiert worden sind.
Etwas weiter rechts an der Ecke Hafenplatz/Weserstraße steht das Haus, zu dem der Baumeister Conradi am 18. September 1699 den Grundstein legte. Das älteste Haus der Stadt beherbergt heute das **Gasthaus Landgraf Carl**, ursprünglich konzipierte man es als Wohnhaus. Erstes öffentliches Gebäude Karlshafens war übrigens das Invalidenhaus in der Carlsstraße, heute Wohnhaus und Kirche der neuapostolischen Gemeinde. Es wurde 1705–10 als Ruhesitz für pensionierte hessische Offiziere und Soldaten errichtet, eine angeschlossene Kapelle diente als erste Kirche.

Deutsches Hugenottenmuseum

Dem Rathaus vis-à-vis liegt das Deutsche Hugenottenmuseum, untergebracht in den Räumlichkeiten einer ehemaligen Zigarrenfabrik. Es beherbergt die umfassendste Sammlung zur hugenottischen Kultur in Deutschland, eine genealogische Forschungsstelle sowie ein Bildarchiv. Von den Tagen der Reformation in Frankreich bis zum Lebensalltag im hessischen Exil veranschaulichen die Exponate die Kulturgeschichte der religiösen Minderheit, die Bad Karlshafen so entscheidend prägte. Heute, da Flüchtlingselend und Asylproblematik via Tagesschau fast täglich die Gemüter erregen, führt ein Besuch des Hugenottenmuseums sehr deutlich vor Augen, daß solche Probleme leider Tradition haben – sich aber durchaus zur Zufriedenheit der allermeisten Beteiligten bewältigen lassen.

- *Deutsches Hugenottenmuseum*: Hafenplatz 9a, 34385 Bad Karlshafen, Tel. 05672/1410, Fax 1433, geöffnet Di bis Sa 14–18 Uhr, So 11–18 Uhr. Geschlossen vom 31. Dezember bis 16. Februar.

Hugenottenturm

Westlich der Diemelmündung liegt der Hugenottenturm. Was von weitem wie der Rest einer alten Burg wirkt, ist tatsächlich ein historisierendes Gemäuer aus dem 20. Jahrhundert. 1913 stiftete der Karlshafener Bürger und Hugenottennachfahre Johann Josef Davin den Turm zum Andenken der Stadtgründer. Der Turm liegt auf einer Anhöhe über der Weser, kann bestiegen werden und bietet einen großartigen Ausblick über Bad Karlshafen. Die symmetrische Anlage des Stadtkerns ist von hier besonders gut zu erkennen.

Kurpromenade

Das südliche Ende der Kurpromenade am Weserufer markiert der **Pegelturm**. Das kleine Fachwerktürmchen steht an der Einfahrt zur Hafenschleuse. Am steinernen Unterbau sind historische Flutmarken angebracht. In unmittelbarer Nähe des Pegelturms befindet sich der Anleger für die Weserschiffahrt.

Hugenotten an der Weser

Die französischen Anhänger der Lehren des Kirchenreformators Calvin wurden von ihren katholischen Widersachern »les Huguenots«, die Hugenotten, genannt – eine Verballhornung des Begriffs »Eidgenossen«. Ihre Zahl wuchs rasch, Grund genug für die katholischen französischen Könige, das Ringen der Hugenotten um Anerkennung ihres Glaubens zu unterdrücken. Mit dem ersten von insgesamt acht erbittert ausgefochtenen **Hugenottenkriegen** begann 1562 eines der finstersten Kapitel europäischer Neuzeit.

Trauriger Höhepunkt der Auseinandersetzung war die Nacht zum 24. August 1572. Als Zeichen der Versöhnung zwischen den verfeindeten Parteien feierte die katholische Königstochter Margarete von Valois Hochzeit mit dem Hugenottenführer Heinrich von Navarra. Doch die Mutter der Braut, Katharina von Medici, veranlaßte die hinterhältige Ermordung aller hugenottischen Hochzeitsgäste. Wenigstens verschonte sie ihren Schwiegersohn, doch das als **Pariser Bluthochzeit** in die Historie eingegangene Massaker bildete nur den Auftakt für eine landesweite Verfolgungsjagd: Zehntausende Hugenotten wurden während der folgenden Stunden und Tage von fanatischen Glaubenskriegern abgeschlachtet.

Die Bürgerkriege stürzten ganz Frankreich in Not und Elend. Erst als Heinrich von Navarra, der Bräutigam der »Bluthochzeit«, die Regentschaft antrat, endeten die militärischen Auseinandersetzungen. Heinrich gewährte im **Edikt von Nantes** (1598) den Hugenotten eine politische Sonderstellung und freie Religionsausübung, in einem geschickten Gegenzug trat er selbst zum Katholizismus über. Spätere Herrscher beschnitten die hugenottischen Rechte jedoch erneut. »Sonnenkönig« Ludwig XIV. (1638–1715) widerrief sogar das Edikt von Nantes und hob 1685 die Glaubensfreiheit auf. Trotz des Gottesdienstverbots organisierten die Hugenotten eine Untergrundkirche nach biblischem Vorbild, die **Église du désert** (Kirche der Wüste). Hunderttausende erinnerten sich jedoch an die Schrecken der Glaubenskriege und nahmen die erneuten Repressionen zum Anlaß für die Auswanderung aus Frankreich.

Dem hessischen **Landgrafen Carl von Hessen-Kassel** waren die oft gut ausgebildeten Neubürger in seinem durch den Dreißigjährigen Krieg ausgebluteten Land hochwillkommen. Die Siedler von Karlshafen blieben zehn Jahre von der Steuer befreit, ihre Söhne mußten keinen Kriegsdienst leisten. Gottesdienste und Schulunterricht durften in französischer Sprache abgehalten werden. Erst 1825 wurde in Karlshafen die Predigt letztmalig auf französisch abgehalten. Im kleinen Ort Mariendorf, einer weiteren Hugenottengründung der Region, galt Französisch sogar 1896 noch als Umgangssprache!

Die **Privilegien** der hugenottischen Einwanderer sorgten häufig für manchen Neid seitens ihrer deutschen Nachbarn. Man gewöhnte sich aber sehr bald aneinander. Offenbar führte auch die Nachbarschaftsliebe »durch den Magen«, wie Volkes Stimme behauptet. 1701 schrieb der hugenottische Schullehrer Jean Perrot an einen Freund, daß man zehn Jahre lang »die Kartoffeln und Bataten nur für sich (hatte); aber nachher haben unsere deutschen Brüder sie auch gekauft von den Welschen und Waldensern. Aber heimlich, denn die Ärzte und Doktoren wollten jene Nahrung verbieten.«

Nach Nordosten hin führt die Promenade zum modernen **Kurzentrum** der Stadt. Das Gradierwerk am Ende der Kurpromenade ist einen Besuch wert. Hier atmet man im Vorübergehen die gesunde Karlshafener Sole ein.

Helmarshausen

Kommt man die Strasse von Kassel am linken Weserufer herab, so blickt man von einer steilen, in gefährlichen Windungen hinabgleitenden Höhe in das ziemlich enge Diemelthal hinab. Es ist das eine von denjenigen Stellen, wo der Conducteur des ci-devant ordinären Postwagens den Schlag aufmacht und dich höflich einladet, die knappe Strecke doch der eigenen Sicherheit wegen zu Fuss zu gehen. Du steigst aus. Dunkel um dich. Die Wellen der Diemel hörst du drunten rauschen, in der Ferne glühen Hütten, Hämmer, Öfen, und jäh zu deinen Füssen durch Bäume-Grün und Abendschatten blinken die bescheidenen Lichter von ***Helmarshausen****. Freundlicher bietet sich die Szene am Tage, wo die frisch-grünen Wiesen am Diemel-Ufer, gewöhnlich bedeckt mit bleichender Leinwand, einen hübschen Hintergrund für die dunkeln Schieferdächer des Ortes abgeben, und wo links vom Wege eine malerische Ruine auf keck emporragender Bergesstirne – die* ***Kruckenburg*** *nennt sie das Volk (…) – dem beschränkten, fast ländlichen Bilde eine romantische Zierrath giebt. Im Wesergebirge weiss man eine solche besser zu schätzen, als wo sie fast wild zu wachsen scheinen, bis zum Überdrusse, am Rhein!* (Franz von Dingelstedt, Das Weserthal, 1838)

Helmarshausen ist ein drei Kilometer diemelaufwärts gelegener Stadtteil Bad Karlshafens. Der Ort ist jedoch weit älter als die das heutige Stadtbild prägende Hugenottengründung. Um 944 ist hier ein Königshof »Helmerateshusa« beurkundet, im selben Jahrhundert entstand eine Reichsabtei mit Münz-, Zoll- und Marktrecht. Neben der Benediktinerabtei und im Schutz der Krukenburg wuchs Helmarshausen von einer Klostersiedlung zur Kleinstadt heran.

Die **Abtei St. Petrus** erlangte durch ihre Malschule und ihre Goldschmiedearbeiten überregionale Bedeutung. Um 1173 fertigte der Helmarshausener Mönch Heriman hier das berühmte **Evangeliar Heinrichs des Löwen**. 1983 wurde dieses Meisterwerk der Buchkunst in London für eine Summe versteigert, von der lebende Autoren nur träumen können – mehr als 35 Millionen Mark. Ein Faksimile des Evangeliars ist in der Evangelischen Kirche zu besichtigen. Nach dem allmählichen Verfall der Abtei Ende des 16. Jahrhunderts sank auch die Bedeutung des Städtchens Helmarshausen. Einziges erhaltenes Gebäude der Abtei ist das sogenannte Klosterhaus neben der Evangelischen Kirche. Reste der Klostermauer existieren ebenfalls noch.

Die **Krukenburg**, deren mächtige Ruine noch immer über dem Ort

Helmarshausen mit der Krukenburg, Stahlstich des 19. Jahrhunderts

aufragt, ließ der Kölner Erzbischof Engelbert 1215–20 zum Schutz der Abtei errichten. Vorher standen auf dem Berg eine karolingische Holzkirche und nachfolgend die »Heilig-Grab-Kirche«. Für diesen Bau reiste der Helmarshausener Abt Wigo 1033 eigens nach Jerusalem, um den Bauplan der Grabeskirche zu kopieren. Um den Kirchenbau herum entstand dann die Burg. Die ungewöhnliche Konstruktion aus Gotteshaus und Militärfestung überstand alle Kriege unzerstört, verfiel aber gleichermaßen wie das Kloster im Verlaufe des 16./17. Jahrhunderts. Die immer noch eindrucksvolle Ruine über dem Diemeltal ist zu besichtigen. Unterhalb der Krukenburg befinden sich ein Museum und als weitere Attraktion ein kleiner **Bergzoo**.

- *Evangelische Kirche* mit Faksimile des Evangeliars Heinrichs des Löwen, Poststr. 8, 34385 Bad Karlshafen-Helmarshausen.

- *Krukenburg*: Besichtigung der Ruine Krukenburg ganzjährig möglich.

- *Museum an der Krukenburg*: unterhalb der Krukenburg, geöffnet Di bis Sa 10–12 und 15–17 Uhr sowie nach Vereinbarung unter Tel. 05672/755.

- *Krukenburg Bergzoo*: unterhalb der Krukenburg, Tel. 05672/1788, ganzjährig geöffnet 9–17 Uhr.

Folgende Seiten:
Die Weser bei Lüchtringen

Zwischen Bad Karlshafen und Bodenwerder

Beverungen

Zwischen Bad Karlshafen und Beverungen fließt die Weser zunächst nach Westen, bis der Höhenzug der Hannoverschen Klippen den Flußlauf nach Norden erzwingt. Von der am Klippenrand entlangführenden Bundesstraße bieten sich reizvolle Perspektiven über das Wesertal, die leider durch den Anblick einer Kathedrale der Häßlichkeit getrübt werden, denn im Beverunger Ortsteil Würgassen verschandelt die aufdringliche Silhouette des skandalträchtigen Atomkraftwerks das Panorama.
Karl der Große genoß noch freie Sicht, als er 797/98 nebst Gefolge sein Lager im nahegelegenen **Herstelle** aufschlug. Diesem Ereignis ist es zu verdanken, daß das Schifferdorf zu den am frühesten urkundlich erwähnten Orten der Region zählt. In der **Pfarrkirche** St. Bartolomäus erinnert ein Fensterbild mit der Inschrift »Carolus Magnus« an den prominenten Wintergast. An die Zeit ritterlicher Schwertträger erinnert auch die **Burg** auf dem einstigen kaiserlichen Lagerplatz in Herstelle. Sie ist jedoch vom Mittelalter soweit entfernt wie ein Maschinengewehr von der Hellebarde. Erst um 1830 wurde sie auf Betreiben der Frau von Zuydtwyck, einer Tante der Dichterin Annette von Droste-Hülshoff, an der Stelle einer verfallenen mittelalterlichen Burg errichtet und war über Jahre hinweg Treffpunkt für Gelehrte und Künstler.

Von Karlshafen führt am linken Weserufer die schöne, unter hohen schroffen Bergwänden sich hinwindende Bremer-Strasse nach ***Herstelle****, einem preussischen Dorfe von etwa 1000 Bewohnern. Dicht an den Strom gelehnt, steigt über ihm eine schroffe Höhe empor, von der jetzt ein freundliches, im alterthümlichen Style erbautes Schlösslein herniederblickt. (...) Unter Herstelle krümmt sich die Weser in einem grossen Bogen, erst gegen Südwesten, dann gegen Norden, und der nächste Ort ist Beverungen, an der Mündung der Bever, eine uralte korveiische Besitzung, auf welcher Korvei in Gemeinschaft mit Paderborn 1332 eine Burg erbaute; auch das Dorf sollte schon damals in eine Stadt verwandelt werden; dieses unterblieb jedoch noch und kam erst beinahe hundert Jahre später zur Ausführung. Beverungen ist preussisch und zählt an 2000 Bewohner, die Branntwein und Leder liefern und Handel mit Getreide, Holz und Eisen treiben.* (Franz von Dingelstedt, Das Weserthal, 1838)

Beverungen selbst, zu dem neben Würgassen und Herstelle noch neun weitere Ortsteile gehören, ist eine

Kleinstadt mit fachwerkbuntem Gepräge. Bereits 1417 erhielt die ehemalige Ackerbürgerstadt im Fürstbistum Paderborn Stadtrechte. Die heutige Zahl von 16.000 Einwohnern täuscht aber wie bei vielen anderen Orten des Weserberglandes über den dörflichen Charakter des Ortes hinweg – die stattliche Bürgerzahl ergibt sich aus der Addition der vielen eingemeindeten Ortsteile.

- *Information*: Verkehrsamt Beverungen, Weserstr. 10–12, 37688 Beverungen, Tel. 05273/92221, Fax 92120.

Porzellanmalerin bei der Arbeit

Fürstenberg

Hinter Wehrden weitet sich das Wesertal. Am Ostufer leuchtet eine weiße Fassade auf einer bewaldeten Klippe. Den erhabenen Anblick stört jedoch ein steinerner Schlot, der hinter dem Prunkgemäuer aufragt. Ein Schloß mit Fabrikschornstein? Allerdings. Fürstenberg ist seit 1747 Sitz einer **Porzellanmanufaktur.**
Mitte des 14. Jahrhunderts ließen die Welfenherzöge hier als Abgrenzung zum Machtbereich des bei Höxter am jenseitigen Weserufer gelegenen Klosters Corvey eine **Burg** errichten. 1545 eroberten hessische Truppen die Festung und zerstörten sie. Einige Jahrzehnte später ließ der Braunschweiger Herzog Heinrich Julius die monumentale Ruine als Jagdschloß im Stil der Weserrenaissance ausbauen.
Kriege, Prachtschlösser und ein aufwendiger Lebensstil der Regenten verschlangen enorme Geldbeträge. Seit frühesten Zeiten versuchten sich daher eifrige Alchimisten an einer ebenso effektiven wie kostengünstigen Problemlösung – der künstlichen Herstellung von Gold. Dieser Coup gelang leider auch dem Alchimisten **Joh. Friedrich Böttger** (1682–1719) nicht. Aber 1709 entstand bei einem der zahllosen Versuche ein gelbliches Schmelzprodukt, das er bis 1717 zum weißen Porzellan weiterentwickelte. Zwar kannte man in Europa bereits feines Porzellan aus China und Japan, da die Herstellung dieses Materials jedoch bis zu Böttgers Versuchen ein fernöstliches Mysterium geblieben war, bedeutete der Besitz von Porzellangeschirr einen teuren und äußerst seltenen Luxus.
»Weißes Gold« nannte man die edle Keramik, und nach Böttgers Entdek-

Schloß Fürstenberg

kung gehörte neben Jagdschlößchen und Leibgarde zeitweise auch das Porzellanbrennen in eigener Manufaktur zum Privileg deutscher Feudalfürsten. Herzog Carl I. von Braunschweig handelte also nicht als blaublütiger Sonderling, als er **1747** die Porzellanmanufaktur Fürstenberg gründete und sechs Jahre darauf sogar die Räumlichkeiten des Schlosses für die Fabrik zur Verfügung stellte.
Der Forst- und Wirtschaftsexperte Johann Georg von Langen als Fabrikdirektor und der Künstler **Simon Feilner** als Modelleur sorgten mit der ihnen eigenen Professionalität bald dafür, daß die **Manufaktur** Fürstenberg überregionale Bedeutung erlangte. Neben Tafelgeschirr stellte man auch figürliche Arbeiten her. Zu den berühmtesten Werken Feilners gehören die Figuren der »Commedia dell'arte«. Die letzte geschlossene Gruppe dieser Serie ersteigerte ein Privatsammler 1960 bei Sotheby's für 180.000 DM.
Die Manufaktur mit ihrem gediegenen Signet – ein blaues »F« mit Fürstenkrone – wurde zum Klassiker. Um das Schloß herum entstand die Ortschaft Fürstenberg mit heute etwa 1300 Einwohnern, doch die lokale Hauptattraktion ist das Schloß mit dem Porzellanmuseum. Die eigentliche Fabrikation wurde **1972** zugunsten des Museums ausgegliedert, befindet sich aber noch immer in unmittelbarer Nachbarschaft. Das älteste Service ist seit 1756 im Design unverändert bei Fürstenberg in Produktion!

Das **Porzellanmuseum** im Schloß enthält eine große Sammlung verschiedenster Porzellan-Kunststücke vom Gebrauchsgegenstand bis zur verspielten Tischfigur. Museal ist auch das Mobiliar: Antike Schränke, Vitrinen, Tische und Stühle vermitteln einen Einblick in herrschaftliche Lebensart. Ein großes Modell des Schlosses zeigt die Entwicklung der Anlage von der Burg zur Manufaktur. Sehr empfehlenswert ist das im Museum gezeigte Informationsvideo. Die Darstellung der Feinheiten des Handwerks und kunstfertigen Details der Produktion interessieren meist auch jene, für die Porzellan nicht mehr ist als eben Geschirr aus Kaolin, Feldspat, Quarz und Wasser. Wen es richtig packt, der kann an einem der Porzellanmalerei-Seminare teilnehmen, die in unregelmäßigen Abständen in Fürstenberg angeboten werden. Wer bereits Sammler ist und kundigen Rat benötigt, hat an jedem ersten Mittwoch im Monat in der Zeit von 14–17 Uhr die Gelegenheit, im Schloß Experten zum Fachgespräch zu treffen. Auch selbsterklärte Porzellanmuffel sollten sich den Schloßbesuch nicht entgehen lassen. Der Schloßhof bietet Ruheplätze neben dem plätschernden Brunnen, und über die Hofmauer hinweg blickt man weit über die Auenlandschaft des Wesertals. Im Schloßcafé serviert man »fürstlichen« Kaffee und Kuchen. Hinter dem Café liegt eine erst im Sommer 1995 eröffnete **Parkanlage**, gepflegte Kulisse für einen kleinen, aber feinen Spaziergang. Jede Menge Souvenirs mit dem blauen »F« kann man im angeschlossenen Porzellanladen erwerben, untergebracht übrigens im einstigen Pferdestall des Jagdschlosses.

1743 wurden auf ***Fürstenberg*** *die ersten Versuche zu der Gründung einer Porzellanfabrik angestellt und ein Jahr später in den Räumen des Schlosses eine Porzellan-Manufaktur angelegt. Die Fabrikate dieser Anlage erfeuen sich noch heute eines grossen Rufes, da der hier gefundene Thon dem Meissenschen nur wenig nachgiebt, ja es gab eine Zeit, in welcher das Fürstenberger Porzellan den Meissener und Wiener Fabrikaten starke Konkurrenz machte und durch seine vorzügliche Malerei und Form sich vor den Waren anderer Fabriken auszeichnete. (...) Bei günstiger Gelegenheit versäume man nicht, die Fabrik und den wohlgepflegten Garten des Schlosses Fürstenberg zu besuchen. Eine wahrhaft entzückende Aussicht in das reizende Thal zwischen dem Wildberg, Brunsberg und Ziegenberg bietet sich unserm Blicke.*
(Illustriertes Reise- und Wanderbuch durch die Gebiete von Niedersachsen, 1898)

- *Information*: Verkehrsamt, Haus des Gastes, 37699 Fürstenberg, Tel. 05271/5101, Fax 49274.
- *Porzellanmuseum:* 37699 Fürstenberg, Tel. 05271/401-0, geöffnet: Di bis Sa 9–17, So u. Feiertage 10–17 Uhr. Gruppenführungen nach Anmeldung möglich.

Höxter

Bei Höxter verengt sich das Wesertal erneut. Ideale Bedingungen für einen Brückenschlag, und tatsächlich spielte die hiesige Weserbrücke stets eine bedeutende Rolle in der Stadtgeschichte. Auch heute noch verschafft die Brücke Höxter reichlich Durchgangsverkehr. Die Einrichtung von Fußgängerzonen ermöglicht aber trotzdem beschauliches Flanieren. Die Großgemeinde Höxter zählt 35.000 Einwohner, die Stadt selbst jedoch nur 16.000, ist also eine Kleinstadt geblieben. Wie andere Weserstädte besitzt auch Höxter viele großartige **Fachwerkbauten**. Ganze Straßenzüge mit geschlossener Fachwerkbebauung sind hier allerdings selten, da nach dem Zweiten Weltkrieg viel historische Bausubstanz einer modernen Neubebauung zum Opfer fiel.

Höxter liegt am Kreuzungspunkt zweier alter Handelswege. Der Westfälische Hellweg kreuzte hier die Weser von Westen nach Osten, in Nord-Süd-Richtung verlief eine Heerstraße. Für das Jahr **1115** ist eine **Weserbrücke** an dieser Stelle urkundlich verbürgt, und bereits Anfang des 9. Jahrhunderts existierte nachweislich ein Fährbetrieb. In das Jahr 822 fällt die erste Erwähnung des Ortsnamens »Huxori«, aus dem sich später die Bezeichnung »Höxter« entwickelte. Die Lage an der Weserbrücke begünstigte das Ortswachstum, und der sich gleichermaßen entwickelnde Bürgerstolz der Bewohner verursachte zunehmend Konfrontationen mit den Äbten des **Klosters Corvey**, denn der amtierende Corveyer Abt fungierte gleichzeitig als Höxteraner Landesherr. Aber eine demütige Rolle als Klosterdorf vertrug sich nicht mit dem Selbstbewußtsein der Brückenstadt-Bürger. 1150 erhielten sie das Recht, Höxter mit einer Mauer zu umgeben, 1250 sogar das Stadtrecht. Die Corveyer versuchten nun, ihre aufmüpfigen Nachbarn mit deren eigenen Mitteln auszustechen. Sie bauten nämlich eine zweite Weserbrücke und erwirkten für ihre Klostersiedlung Corvey ebenfalls Stadtrecht. Der Handel hielt sich jedoch an die ausgetretenen Pfade, das Unternehmen Höxter florierte weiterhin. Das Projekt »Stadt Corvey« fand dagegen **1265** ein jähes Ende. Die Höxteraner zerstörten den Ort, und die meisten der weltlichen Einwohner Corveys zogen bereitwillig dorthin, wo man bessere Geschäfte abschloß – nach Höxter. 1295 war die erstarkte Stadt sogar Mitglied im mächtigen Handelsbund der Hanse. Die Einführung der Reformation (1533) schwächte den klösterlichen Einfluß noch mehr.

Linke Seite: Ausblick auf die Weser vom Schloß Fürstenberg

Das 16. Jahrhundert gilt als Höxters Blütezeit. Aus dieser Ära stammen die prächtigsten der heute noch erhaltenen Fachwerkbauten sowie die reichverzierte **Dechanei**.
Wie in vielen Orten des Landes brachte der Dreißigjährige Krieg auch für Höxter die Wende zum Schlechten. Der 13. April **1634** ging als **Blutbad von Höxter** in die traurige Geschichte dieses Krieges ein, da an diesem Tage die Truppen des kaiserlichen Generals von Gleen 3500 der damals 5000 Stadtbewohner abschlachteten. Weil nicht nur die Stadt, sondern die ganze Region von der Katastrophe betroffen war, gab es für Höxter keine Möglichkeit zur raschen Regeneration. Die komplette Zerstörung der überaus wichtigen Weserbrücke im Jahr 1673 durch den französischen General Turenne vernichtete einen weiteren Garanten des wirtschaftlichen Aufschwungs. Wie nachhaltig diese Ereignisse den Lebensnerv Höxters beeinträchtigten, zeigt die Tatsache, daß die Brücke erst 160 Jahre später wieder aufgebaut wurde.
Heute ist Höxter wieder Brückenstadt und dazu moderne Kreisstadt. Die landschaftlich schöne Umgebung, die Nähe des geschichtsträchtigen Klosters Corvey und die ansehnlichen Baudenkmäler in der Stadt sorgen dafür, daß Höxter eine herausragende touristische Attraktion des Weserberglandes ist.

- *Information*: Fremdenverkehrs- und Kulturamt, Historisches Rathaus, 37671 Höxter, Tel. 05271/19433, Fax 963-435.

Die Stadt liegt in einer fruchtbaren und äußerst reizenden Gegend. Namentlich bieten ganz vorzügliche Fernsichten dar: südwestlich von der Stadt, der ***Felsenkeller*** *und der darüber liegende* ***Ziegenberg****, nordwestlich der* ***Bielenberg*** *und nordöstlich der* ***Räuscheberg****, von welchen eine, die Stadtgränze bezeichnende Warte, weit in das Weserthal schaut. Die meisten dieser Berge sind mit Anlagen zum Vergnügen der Besuchenden versehen. Man erblickt von ihnen ab vornehmlich Höxter, Korvei, Holzminden, den Solling, Fürstenberg, sogar den Herkules auf der Wilhelmshöhe bei Kassel.*
(August Engel, Weserbuch, 1845)

Sehenswürdigkeiten

Kilianikirche

Schon während Höxters früher Gründungsjahre war die Weserbrücke die Lebensader des Ortes. In ihrer Nähe befindet sich folgerichtig das neben dem Kloster Corvey älteste Bauwerk der Stadt, die Kilianikirche. Der **Doppelturm** des romanischen Bauwerks, Wahrzeichen Höxters, stammt aus dem 11./12. Jahrhundert und erinnert stilistisch an das berühmtere Corveyer Westwerk. Der Südturm ist fast zweieinhalb Meter kürzer als der Nordturm – mit diesem Wissen läßt sich leicht die eine oder andere Wette gewinnen! Das südliche, spätgotische Seitenschiff entstand im 15. Jahrhundert. Von der

Im Herzen von Höxter, links die Dechanei

Inneneinrichtung sind vor allem die säulengeschmückte Renaissance-Kanzel (1597) mit ihren Alabasterreliefs, die Barockorgel (1710) und die Kreuzigungsgruppe auf dem Hochaltar (Schnitzarbeit aus der Schule Tilmann Riemenschneiders, um 1520) hervorzuheben.
Außer der Kilianikirche gibt es zwei weitere Kirchen in Höxters Stadtzentrum: die **Nikolaikirche** (eingeweiht 1766) am Markt und die kleine **Marienkirche** (eingeweiht 1283) in der Brüderstraße.

Historisches Rathaus Höxter

Zwischen der Kilianikirche und der Weserbrücke liegt das alte Rathaus. Auf solidem Steinfundament ruht der Fachwerk-Oberbau im Stil der Weserrenaissance. Unter Einbeziehung eines älteren Gebäudes ließen die Stadtväter von 1610–14 das Rathaus errichten. In der Rathaushalle ist ein Relief angebracht, das von einem mittlerweile abgerissenen Adelshof stammt. Das **Steinrelief** entstand um 1265 und zeigt vermutlich die Darstellung eines Richters mit Waage als Symbol für die städtische Marktgerichtsbarkeit. Eine weitere Besonderheit ist das **Glokkenspiel** im achteckigen Treppenturm. 35 Bronzeglocken spielen fünfmal täglich Lieder des in Corvey begrabenen Dichters Hoffmann von Fallersleben. Im Historischen Rathaus befindet sich auch das Fremdenverkehrs- und Kulturamt der Stadt.

- *Historisches Rathaus*: Weserstr. 11, 37671 Höxter. Glockenspiel tägl. 8.55, 11.55, 14.55, 17.55 und 20.55 Uhr.

Dechanei

Beim Spaziergang durch die Fußgängerzone Marktstraße/Nicolaistraße fällt das Eckhaus zur Nicolaistraße durch seinen prächtigen Fachwerkschmuck auf. Die Dechanei leitet ihren Namen von der zeitweiligen Funktion als Sitz des katholischen Dechanten ab. 1561 ließ **Christoph von Amelunxen**, der als Rittmeister im Dienst des französischen Königs beträchtliches Vermögen erwarb, das Haus errichten. Das doppelgiebelige Gebäude mit dem sechsekkigen Erker schmücken fast sämtliche Fachwerkornamente der Frührenaissance. Allein die mehr als 60 Palmetten an der Hausfront weisen jeweils unterschiedliche Muster auf.

Reste der alten Stadtmauer

Tilly-Haus

An der Westerbachstraße (in der Verlängerung der Weserstraße) stehen noch viele ansehnliche Fachwerkhäuser. Eines davon soll im Dreißigjährigen Krieg General Tilly als Quartier gedient haben. Das Tilly-Haus besteht eigentlich aus mehreren Gebäuden: Die Häuser Westerbachstraße 33, 35 und 37 bildeten einst einen zusammengehörigen Adelshof. Zum historischen Ensemble gehören auch noch die beiden hofwärts gelegenen Gebäude sowie das Haus in der Westerbachstraße 31.

Stadtmauer

Der Straßenzug Untere und Obere Mauerstraße kennzeichnet den Verlauf der ehemaligen Stadtmauer. Ein Rundgang entlang den Befestigungsruinen lohnt sich. Kleine, an die Reste der Stadtbefestigung angelehnte Häuschen mit buntem Fachwerk und blühenden Gärten verleihen dem Weg mittelalterliches Gepräge.

Kloster Corvey

Zwischen Höxters östlicher Stadtmauer und dem Kloster Corvey liegt nur ein Kilometer Wegstrecke. Die Corbie-Straße, eine schattige Allee, führt von der Stadt direkt zum Haupteingang des Klosters. Der große Parkplatz vor der Klostermauer verweist auf den touristischen Stellenwert des Ortes – er ist eine der bedeutendsten Sehenswürdigkeiten Norddeutschlands.

Klosteranlage Corvey

Das acht Hektar große Areal betritt man über eine Steinbrücke. Nach dem Eintritt präsentiert sich vom äußeren Schloßhof die Westfront des Hauptgebäudes, die im Norden vom Bibliotheksturm, im Süden von der Klosterkirche begrenzt wird. Das **Hauptgebäude** ist ein 1699–1714 entstandenes Barockschloß mit doppeltem Innenhof. Die Innenbesichtigung beginnt in der ehemaligen Klosterküche. Neben dem mächtigen Kamin befinden sich rustikale Küchenutensilien und ein sieben Meter tiefer Brunnen. Der weitere Besichtigungsweg führt durch den Kreuzgang um den Friedgarten. In einer Apsis des Kreuzgangs steht ein Modell der alten Klosterkirche.

Im ersten Stock werden neben zahlreichen Gemälden (»Äbtegalerie«, »Kaisersaal«) Exponate zur Corveyer Klostergeschichte und Wohnkultur gezeigt. Neben dem Kaisersaal befindet sich das **Dichterzimmer**. Es ist Literaten gewidmet, deren Lebenslauf mit der Corveyer Gegend verbunden war – vor allem natürlich August Heinrich Hoffmann von Fallersleben (1798 bis 1874). Der Dichter des Deutschlandliedes lebte ab 1860 bis zu seinem Tod als Bibliothekar im Schloß Corvey und genoß nach unstetem Vorleben den ruhigen Job: »Sechs Monate im Jahr verreise ich, und die übrigen Monate ist die Bibliothek geschlossen.«

Eben diese **Bibliothek** liegt im Nordflügel des Schlosses. Ihr Bestand zählt ca. 80.000 Bände. Leider ist er nicht mehr mit dem der ur-

Chorraum der Corveyer Klosterkirche

sprünglichen Klosterbibliothek identisch, die im Dreißigjährigen Krieg fast vollständig geplündert wurde. Restbestände gingen an die Universität Marburg. Die jetzige Sammlung wurde überwiegend während des 18. und 19. Jahrhunderts zusammengetragen, Bücherschränke und Tapeten stammen aus der gleichen Zeit. Das Obergeschoß beherbergt eine volkskundliche Museumsabteilung, deren Glanzstück eine alte Feuerspritze ist.

Corveys bedeutendste Sehenswürdigkeit ist jedoch das karolingische **Westwerk** vor der Barockkirche. Der Bau des Westwerks erfolgte 873–885, nachdem man die erste Basilika des Klosters (von 844) erweitern mußte. Von außen wirkt die wuchtige Doppelturmanlage wie eine Festung. Das Prädikat, Westfalens ältestes erhaltenes Bauwerk zu sein, verdankt das Westwerk nicht zuletzt auch der sichtbar soliden Bauweise. Um so verblüffender sind die kunstvollen Feinheiten im Inneren: Zwanzig Säulen stützen im Erdgeschoß die Gewölbe. Die ausgeschmückten Zungenblattkapitelle verkünden antike Pracht. Fragmente **karolingischer Malerei** zeugen von der einstigen Bedeutung des Westwerks als Kaiserkirche.

Zwischen 889 und 1145 betraten deutsche Kaiser sie vermutlich bei mehr als 100 Besuchen in Corvey. Über der Säulenkrypta befindet sich der Johannischor mit der Kaiserloge. An den Wänden des Chores wurden ebenfalls karolingische Malereien freigelegt, darunter die bislang

Ein Brückenkopf des Christentums

Ludwig der Fromme (778–840), Sohn Karls des Großen, beauftragte die bei Amiens an der Somme gelegene Benediktinerabtei Corbie mit einer Klostergründung im Gebiet der von seinem Vater unterworfenen heidnischen Sachsen. 815 gründeten die Mönche vermutlich in der Nähe von Neuhaus/Solling eine erste Dependance namens »Hethis«. Ein Gelände am Weserufer unweit der »Villa Huxori« erwies sich aber als wesentlich fruchtbarer. So zog man 822 um und nannte die Neugründung zu Ehren des Mutterklosters **Neu-Corbie** (Corbeia Nova), woraus sich später die Bezeichnung Corvey entwickelte. Corvey blieb ein Jahrhundert lang ein isolierter Brückenkopf des Christentums im norddeutschen Raum. Die Bedeutung des Klosters wuchs rasch, denn man erhielt früh Markt- und Münzprivileg, und die dem Kloster angeschlossene Schule stand in ausgezeichnetem Ruf. **Ansgar**, ihr erster Leiter, wurde als späterer Erzbischof von Hamburg und Bremen zum »Apostel des Nordens«. Andere Corveyer Mönche beteiligten sich ebenfalls an der Missionierung des bis dahin heidnischen Nordens.

Aus der **Corveyer Schule** stammten 13 Kardinäle, fünf Erzbischöfe und mit Gregor V. der erste deutschsprachige Papst. Das religiöse Zentrum Corvey war zugleich kulturelles Zentrum: Der Corveyer Mönch **Widukind** schrieb in der »Res gestae Saxonicae« die Geschichte der Sachsen. Die einzig erhaltene Abschrift der ersten fünf »Annalen«-Bücher des Tacitus wurde ebenfalls hier angefertigt. Der Corveyer **Tacitus-Codex** wurde vergessen, im 16. Jahrhundert wiederentdeckt und gelangte über Papst Leo X. in die florentinische Bibliotheca Laurentiana. So entging der Codex glücklicherweise den Plünderungen, die das Kloster während des Dreißigjährigen Krieges mehrfach erleiden mußte.

Seit der Mitte des 13. Jahrhunderts begann der allmähliche Niedergang des Klosters. Die Macht der Nachbarstadt Höxter wuchs, obwohl Corvey durch eigene Stadtgründung und den Bau einer Weserbrücke den weltlichen Einfluß des Klosters zu erhalten versuchte. Zeitweise mit Erfolg: »Corvey war im 13. Jahrhundert größer als Göttingen, Dresden oder Stuttgart«, sagt der Archäologe Dr. Hans-Georg Stephan, unter dessen Leitung hier während der letzten Jahre Ausgrabungen stattfanden. Nach dem Dreißigjährigen Krieg lag Corvey in Trümmern, erst 1699 begann der Wiederaufbau. An seine einstige Bedeutung konnte das Kloster bis zur **Säkularisation** (1803) freilich nicht mehr anknüpfen. Nach einigen Besitzerwechseln zu Beginn des 19. Jahrhunderts gelangte das ehemalige Kloster schließlich an einen Zweig der preußischen Familie Hohenlohe. Die Herzöge von Ratibor und Fürsten von Corvey sind noch heute Hausherren der Anlage.

einzig bekannte mittelalterliche Darstellung eines Motives aus der Odyssee: Odysseus im Kampf mit dem Meerungeheuer Skylla. Auf der westseitigen Mittelempore vermutet man den einstigen Standort des **Kaiserthrons**, der auch von außen durch das erhöht angebrachte mittlere Fenster des Glockenhauses gekennzeichnet ist. Unter dem Fenster ist an der Außenfassade eine Sandsteintafel mit der lateinischen Inschrift »Diese Stadt beschütze Du, o Herr, und Deine Engel mögen ihre Mauern behüten« angebracht. Vom Thron aus konnte der Kaiser direkt auf die Altäre sehen. Heute ist dieser Einblick durch die Orgelempore verbaut. Die dem Westwerk angeschlossene **Barockkirche** entstand 1667–74. Sie ersetzte den während des Dreißigjährigen Krieges stark beschädigten Vorgängerbau.
Neben Westwerk und Klosterkirche befindet sich der kleine **Friedhof** mit dem Grab des Dichters August Heinrich Hoffmann von Fallersleben. Steinern lächelnd ziert die Büste des einstigen Corveyer Bibliothekars seine letzte Ruhestätte.
Empfehlenswert ist ein Spaziergang um die Außenseite der gesamten Schloßanlage. Das Areal läßt sich in einer halben Stunde bequem umrunden. Von Süden her eröffnen sich reizvolle Perspektiven auf die Klosterkirche. Im Osten führt der Weg am Weserufer entlang. An der Nordostecke der Anlage steht das 1750 errichtete **Dreizehnlindenkreuz**. Wer zwischen Schloßbesichtigung und Spaziergang leibliche Stärkung nötig hat, kann das Schloßrestaurant aufsuchen. Es befindet sich in der ehemaligen Remise nördlich des Haupteingangs.

- *Kloster Corvey*: Besichtigungen vom 1. April bis 31. Okt. täglich 9–18 Uhr. Die Corveyer Musikwochen finden im Mai/Juni statt. Auskünfte erteilt die Rentkammer Corvey im Schloß Corvey, 37671 Höxter-Corvey, Tel. 05271/68116.

Holzminden

Zwischen Höxter und Hameln ist das gewerbereiche Holzminden (21.000 Einwohner) die nächstgrößere Stadt an der Weser. Schon 832 wurde der Ort u.a. als **Holtesmini** urkundlich erwähnt, und der Sage nach rührt der Name des Ortes von dem Losungswort der Raubritter: »Holt! 't is mine« (Halt! Das ist mein) her. 1245 erhielt das zum Besitz der Gafen von Everstein gehörige Holzminden Stadtrechte, 1410 fielen Burg und Grafschaft mit dem Aussterben derer von Everstein an das Haus Braunschweig. Im 30jährigen Krieg wurde der Ort durch die Tillyschen Truppen erobert und bis auf wenige Häuser niedergebrannt. Trotz folgenschwerer Belagerungen und Verwüstungen gehört Holzminden zu den ältesten Handelsstädten an der Weser. Der bekannte Schriftsteller Franz von Dingelstedt zählte in seinem Wesertal-Reiseführer von 1838 die folgenden Gewerbezweige auf: *»Man findet hier Steinschleifmühlen, auf welchen die sollinger Steine zu Tafeln, Platten etc. ge-*

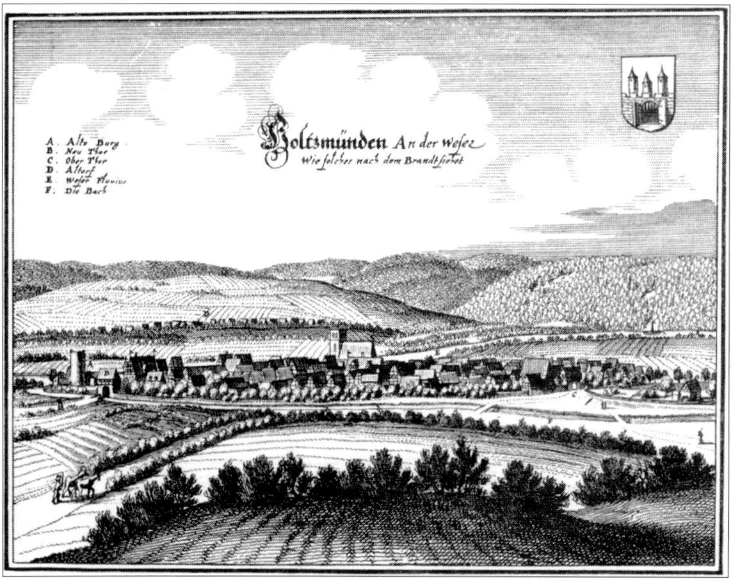

Holzminden im 17. Jahrhundert, Stahlstich von Caspar Merian

schnitten werden; Fabriken für Eisen- und Stahlwaaren; eine herzogliche Hütte mit zwei Frischfeuern, einem Zainhammer, einem Schneideisenwerk und zwei Stahlfeuern; eine Eisengiesserei; vier Blankhämmer; eine Messerschmied- und vier Eisenschleifmühlen; ausserdem auch noch eine Stecknadelfabrik, eine Barchentfabrik und mehrere andere Gewerke, so dass Holzminden zu den wohlhabendsten Städten des Oberweserthals gehört.«

Für die **Floßschiffahrt** auf der Weser erlangte Holzminden als Sammel- und Bauplatz für Flöße Bedeutung. Von Hann. Münden bis Minden benötigte ein Floß drei Tage, von Holzminden bis Bremen acht Tage Fahrtzeit. Den Rückweg bewältigten die Holzflößer zu Fuß. Durch rationellere Transportmöglichkeiten starb dieser Erwerbszweig nach dem II. Weltkrieg allmählich aus.

Weit über die Grenzen des Weserberglandes hinaus wurden zwei Holzmindener Institutionen bekannt: die erste deutsche Baugewerkschule, 1831 hier gegründet und heute als Fachhochschule für Architekten und Bauingenieure geführt, sowie die Riech- und Geschmacksstoffindustrie. 1874 gelang dem Holzmindener Chemiker Wilhelm Haarmann die weltweit erstmalige künstliche Herstellung von Vanillin, dem Aroma der Vanilleschote. Seither entwickelte sich Holzminden zum Zentrum der einschlägigen **chemi-**

schen Industrie und zum Arbeitsplatz seltener Spezialisten wie Flavoristen oder Parfümeure.
Gemeinsam mit den eingemeindeten Sollingdörfern Neuhaus, Silberborn und Mühlenberg ist Holzminden eine ruhige Kleinstadt ohne wirklich großartige Attraktionen. Die landschaftlich schöne Lage und gute Ausflugsmöglichkeiten machen den Besuch jedoch lohnend.

- *Information*: Fremdenverkehrs- und Kulturamt Holzminden, Obere Str. 30, 37603 Holzminden, Tel. 05531/2088, Fax 140-114.

Reichspräsidentenhaus

Sehenswürdigkeiten

Reichspräsidentenhaus

Gegenüber der Ecke Hintere Straße/Grabenstraße überrascht der Anblick eines Bauwerks, das aussieht wie eine Kreuzung zwischen Stadttor, Uhrturm und Warenspeicher. Das skurrile Gebäude wurde 1929 als **Jugendheim** errichtet und erhielt zu Ehren des damaligen Reichspräsidenten Hindenburg den Namen Reichspräsidentenhaus. Unterhalb der Uhr zeigt ein **Glockenspiel** einen Figurenumlauf, der den Meisterumzug der Bauschüler darstellt (9, 12, 15 u. 18 Uhr).

Tillyhaus

Eines der wenigen Gebäude, welches 1640 die gewaltsame Zerstörung Holzmindens überstanden hat, ist das rotgetünchte Haus an der Ecke Grabenstraße/Johannismarkt. Das **1609** errichtete Fachwerkhaus besaß früher noch ein zusätzliches Stockwerk. Während seines kriegsbedingten Aufenthalts nahm der kaiserliche Feldherr Tilly angeblich hier Quartier – somit hat auch Holzminden ein »Tillyhaus«.

Wilhelm-Raabe-Haus und Raabe-Brunnen

Das schlichte Wohnhaus im Goldenen Winkel 8 bewohnte der spätere Autor Wilhelm Raabe (1831–1910) während seiner Kindheit in den Jahren von 1832–42. Eine Gedenktafel am Haus verweist auf den prominenten Ex-Bewohner. In seinem Werk setzte der Dichter seiner einstigen Heimatstadt nur im weitesten Sinne ein Denkmal – einige Raabe-Erzählungen spielen im Weserbergland, keine davon jedoch ausschließlich in Holzminden. Dafür setzte die Heimatstadt ihrem berühmten Sohn aber mit dem Raabe-Brunnen ein Denkmal. Die Brunnenfigur ist eine Darstellung des Klaus Eckenbrecher aus Raabes Roman **Der hillige Born**. Den darunter angebrachten Spruch – ebenfalls ein Romanzitat – dürfen Wanderer im Weserbergland als launige Durchhalteparole verstehen: »Bleib in den Stiefeln, Mensch, solange als möglich!«

Puppen- und Spielzeugmuseum

Hier werden nicht nur kleine Puppenmütter schwach: Das Puppen- und Spielzeug-Museum zeigt außer Spielfiguren von »Marke Eigenbau« bis Käthe Kruse auch Puppenstuben, Blechspielzeug, Poesiealben mit gesammelten Versen vergangener Generationen und etliches mehr.

- *Puppen- und Spielzeugmuseum*: Torweg Mittlere Str./Ecke Neue Str., Tel. 05532/4098, Di u. Fr 9.30–12.30 und 15.30–18 Uhr, Do 15.30–18 Uhr, Sa 10–13 Uhr.

***Badeanstalten** in Holzminden im Jahre 1912: In der Weser: Geschlossene Badeanstalt 2 Min. oberhalb der Brücke, Karten in der Stadt zu lösen bei Langemeyer, Obere Bachstr. 44, oder im Strandhotel an der Weserbrücke. 10 Min. weiter stromaufwärts Offene Badeanstalt. Wannenbäder bei Borchers, Obere Bachstr. 51; Geifrig, Neue Str. 5; Gerberding, Bahnhofstr. 6 (auch medizinische Bäder).*

Holzminden-Neuhaus

Der kleine Ort im Hochsolling liegt 16 Kilometer von Holzminden entfernt, ist aber durch Eingemeindung Teil der Weserstadt. Architektonisches Prunkstück im Ortszentrum ist das 1791 erbaute **Jagdschloß** des Königs von Hannover und England, Georgs III., der hier den europäischen Hochadel zum gemeinschaftlichen Halali zu empfangen pflegte. Im Barockschloß ermöglicht die ständige Verkaufsausstellung »Erlesenes aus aller Welt« Besichtigung und Erwerb ausgefallener Artikel und Reiseandenken. Das Schloß selbst befindet sich in Privatbesitz. Empfehlenswert ist ein Besuch des **Wildparks Neuhaus**. In großzügigen Gehegen sind Dam- und Muffelwild, Wildschweine und Waschbä-

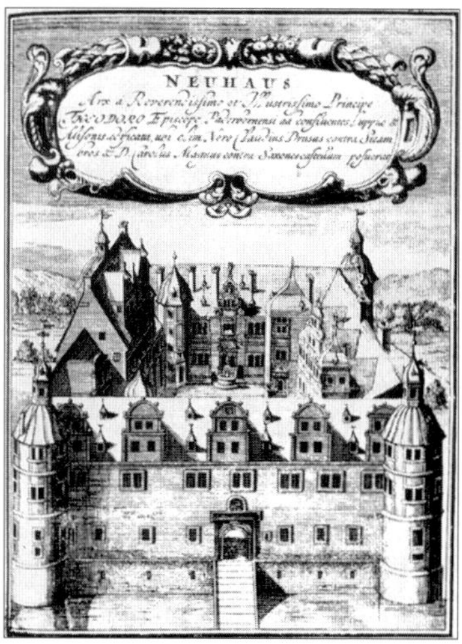

Kupferstich des 17. Jahrhunderts

ren untergebracht. Durch die Anlage führt ein zwei Kilometer langer Rundweg. Teil des Wildparks ist das **Waldmuseum**, in dem das Ökosystem Wald anschaulich dargestellt wird. Nach Terminabsprache sind Führungen durch Forstleute möglich.
Holzminden-Neuhaus liegt ebenso wie der benachbarte Holzmindener Ortsteil Silberborn annähernd 400 Meter hoch und ist somit auch im Winter ein interessantes Reiseziel. Skilift, gespurte Loipen und geräumte Wanderwege gehören zu den Angeboten des anerkannten Luftkurortes. Zwischen Neuhaus und Silberborn ermöglicht ein 33 Meter hoher hölzerner **Aussichtsturm** einen weiten Ausblick über den Hochsolling.

- *Kurverwaltung Neuhaus im Solling*: Haus des Gastes, 37603 Holzminden, Tel. 05536/1011, Fax 1350.

- *Schloß Neuhaus*: Verkaufsausstellung geöffnet tägl. 10–18 Uhr, Tel. 05536/275.

- *Wildpark Neuhaus*: geöffnet 1. Mai bis 31. Oktober tägl. 9–19 Uhr, 1. November bis 30. April 9–17 Uhr, Februar geschlossen.

- *Waldmuseum im Wildpark Neuhaus*: geöffnet 1. Mai bis 31. Oktober tägl. 9–17 Uhr, 1. November bis 30. April 9–16 Uhr, Februar geschlossen. Tel. 05536/222.

Vorhergehende Seiten:
Im Park von Schloß Neuhaus

Bevern

Das nördlich Holzmindens gelegene Bevern zählt zu den ältesten Siedlungsräumen des Weserberglandes. Bedeutendste Sehenswürdigkeit der kleinen Gemeinde am Beverbach ist das **Weserrenaissanceschloß**, erbaut 1602–12. Der Hamelner Baumeister Johann Hundertossen schuf die vierflügelige Anlage mit Treppentürmen und Ziergiebeln. Ein – mittlerweile verlandeter – Wassergraben umgab das Schloß, dessen wahre Pracht erst der Anblick der Innenhoffassaden preisgibt. Bauherr **Statius von Münchhausen** galt vor Baubeginn als wohlhabender Mann. Nach Vollendung des Schlosses war er ruiniert – ein Schicksal, das selbst Bauherren wesentlich bescheidenerer Eigenheime blühen kann.
Im 19. Jahrhundert wurde das Schloß als Erziehungsanstalt für Waisenkinder genutzt. 1956 erwarb die Stadt Bevern das Anwesen. Seit 1984 erfolgten der Ausbau zu einem regionalen **Kulturzentrum** und die Restaurierung des Schlosses. In der Schloßkapelle finden regelmäßig Kammermusikkonzerte statt. Ein kleines **Heimatmuseum** sowie wechselnde Kunstausstellungen vervollständigen das Kulturangebot. Knurrt nach ausgedehntem Kunstgenuß der Magen, empfiehlt sich ein Abstecher ins Schloßrestaurant.
Ebenfalls noch zur Samtgemeinde Bevern gehört das **Kloster Amelungsborn**, die nach Walkenried im Südharz zweitälteste Zisterziensergründung (1129) in Niedersachsen.

Das Weserrenaissanceschloß Bevern

Zwei Bauphasen prägten die Klosterkirche: Das romanische Langhaus stammt aus dem 12. Jahrhundert, der dreischiffige Chor ist ein gotischer »Neubau« aus der Zeit um 1350. Die mit mittelalterlichen **Glasmalereien** versehenen Fenster der Kirche erlitten während des Zweiten Weltkrieges leider starke Schäden. Das Ensemble aus verbliebenen alten Scheiben und neu hinzugefügten Malereien ist dennoch sehenswert.

- *Informationen*: Samtgemeinde Bevern, Rathaus, 37639 Bevern, Tel. 05531/994416, Fax 994450.

- *Schloß Bevern*: Tel. 05531/707393. Das Heimatmuseum im Schloß ist sonntags 10–12.30 Uhr oder nach Vereinbarung geöffnet.

Polle

Zwischen Holzminden und Bodenwerder fließt die Weser in einigen malerischen Schleifen. An den Biegungen stößt der Fluß an Steilufer. So weist die Höhenangabe des beschaulichen Ferienortes Polle eine beträchtliche Differenz auf – von 100 bis 497 Meter über NN. Letzterer Wert bezieht sich allerdings auf den Gipfel des südwestlich von Polle gelegenen **Köterbergs**, der zur Samtgemeinde gehört. Wer von Bevern aus auf das am jenseitigen Ufer gelegene Polle zufährt, dem bietet das von einer Burgruine gekrönte Steilufer einen reizvollen Anblick. Die Weser kreuzt man hier nicht über eine Brücke, sondern stilvoll mit der Fähre.

Die Burg Polle gehörte den Grafen von Everstein und wurde 1285 erstmals urkundlich erwähnt. 1407 verloren sie den Besitz an ihre welfischen Widersacher. Es erfolgte ein Umbau zum Renaissanceschloß, wovon allerdings kaum mehr als ein Torbogen übrig blieb. Tilly und die Schweden hinterließen nach ihrem Durchzug während des Dreißigjährigen Krieges nur rauchende Trümmer. 1656 errichtete man das Amtshaus der Burg neu, doch dieser Neubau wurde 1945 zerstört. Die Ruine ist mittlerweile saniert und zu besichtigen (Führungen werden angeboten). Der Burgturm ist als **Aussichtsturm** geöffnet. Auf dem Gelände der Ruine bietet das Burgrestaurant »Graf Everstein« stilechte Leckereien wie »Raubritter-Steak« oder »Schneewittchenkuchen«.

Etwa drei Kilometer weserabwärts liegt das ebenfalls zur Samtgemeinde Polle gehörende Dorf **Brevörde**. Hier zweigt eine steile Serpentinenstraße (für extrem ehrgeizige Radfahrer eine echte Herausforderung) nördlich zur **Ottensteiner Hochfläche** ab. Die stille, von Feldern und Alleen geprägte Landschaft der Hochfläche scheint kaum in moderne Zeiten zu passen. Tatsächlich birgt die Ebene ein Geheimnis: Früher gab es hier etliche kleine Dörfer, gelegen um den Ort Ottenstein als zentralen Marktflecken. Aus welchen Gründen diese Dörfer dann verlassen und aufgegeben wurden, ist unbekannt. So ist Ottenstein (Samtgemeinde Polle) heute die einzige Siedlung auf der Hochfläche. Hier hat man die Kirche buchstäblich nicht im Dorf gelassen. Sie steht nämlich zwei Kilometer nördlich von Ottenstein – in **Hattensen**. Aber Hattensen existiert nicht mehr, abgesehen von der Kirche. Und so begraben die Leute aus Ottenstein ihre Toten bei dem dorflos auf freier Flur stehenden Hattenser Gotteshaus.

- *Information*: Verkehrsverein Polle, Unter der Burg, 37647 Polle, Tel. 05535/411 u. 94000, Fax 8675.

- *Informationen*: Flecken Ottenstein, Hehlener Str. 1, 31868 Ottenstein, Tel. 05286/229 u. 1246.

Rechte Seite: Die Weserfähre unterhalb der Burgruine Polle

Das eigenartig anmutende, von hohen Bäumen umschattete und von einem Friedhof umgebene alte Kirchlein, ein einschiffiger romanischer Gewölbebau aus Bruchsandsteinen, ist der letzte Rest des wüste gewordenen ***Dorfes Hattensen****, dessen Bewohner sich ebenso wie die von Bergfelde im Schutze der Burg Ottenstein ansiedelten. – Von der Höhe bei der Kirche prachtvoller Blick nach Osten auf die Berge des rechten Weserufers: Ith, Vogler, Hils, Homburg, Holzberg, Burgberg, Eversteine. (Führer durch das Oberwesergebiet, 1912)*

Bodenwerder

»Münchhausenstadt« heißt das touristische Prädikat Bodenwerders. Der hier geborene und verstorbene »Lügenbaron« ist nachhaltig präsent – als Brunnenfigur, Festspieldarsteller und lukrativer Werbeträger. Dabei beginnt Bodenwerders Geschichte lange vor der Geburt des berühmten Freiherrn im Jahre 1720. Die Siedlung bestand vermutlich bereits zur Gründungszeit des benachbarten Klosters Kemnade (um 950) und erhielt 1287 Stadtrecht. Die befestigte Stadt lag ursprünglich auf einer **Flußinsel** (Werder). Erst Mitte des 20. Jahrhunderts verlor die Bodenwerder Altstadt nach Zuschüttung der alten Festungsgräben ihre Insellage.

Die Großgemeinde Bodenwerder zählt 6200 Einwohner, in der Stadt selbst leben jedoch lediglich etwa 3400 Menschen. Bodenwerder ist ein ruhiger Erholungsort, aber keineswegs langweilig. Die Fachwerkhäuser in der **Altstadt** (vor allem in der Homburgstraße zwischen Markt und Weser) sind einen Stadtbummel wert. Für längere Wanderungen bietet sich die Umgebung des Solling-Vogler an. Von Mai bis Oktober unterhält das **Münchhausen-Spiel** vor dem Rathaus an jedem ersten Sonntag im Monat. Größte Attraktion der Saison ist jeweils am zweiten Samstag im August das **Lichterfest** auf der Weser. Musik, Bootsrennen, Fallschirmspringerformationen und ähnliche Aktionen finden bereits tagsüber statt. Nach Einbruch der Dämmerung glüht dann die Weser: Fakkelschwimmer, festlich illuminierte Weserbrücken und bunte Feuerwerkskörper verwandeln den gemütlichen Kurort in eine südländische Opernkulisse.

Zu den ganzjährig möglichen Vergnügungen zählt stets ein Spaziergang über die gut angelegte **Promenade** am Weserufer. Von hier die Anlegemanöver der Ausflugsschiffe oder vorbeiflitzende Motorboote zu beobachten, ist fast so schön, wie selbst mitzufahren – vor allem, wenn man im Biergarten eines der zahlreichen Gartenlokale an der Uferpromenade sitzt.

- *Information*: Städtisches Verkehrsamt, Weserstr. 3, 37619 Bodenwerder, Tel. 05533/40541, Fax 6152.

Die »Münchhausenstadt« Bodenwerder an der Weser

Sehenswürdigkeiten

Rathaus

Nur selten bekennen sich Politiker so unverblümt zu Lügenmärchen wie in Bodenwerder, wo man den Stammsitz des genialen Aufschneiders Münchhausen zum Rathaus umfunktioniert hat. Das einstige Gutshaus wurde um 1603, lange vor der Zeit des »Lügenbarons«, für Statius von Münchhausen errichtet. Derselbe Ahnherr war auch Bauherr des Schlosses Bevern, und ebenso wie dort führte der Hamelner Baumeister Johann Hundertossen die Regie bei der Ausführung des Bodenwerder Anwesens. Zum Gutshaus gehört der »Grotte« genannte **Münchhausen-Pavillon** im Berggarten, den der berühmte Hieronymus von Münchhausen 1763 als persönliches Refugium anlegen ließ. Dieses Gartenhaus liegt westlich des Rathauses. Jenseits der B 83 führen Treppen zum Berggarten hinauf.

Münchhausen-Spiel auf der Freitreppe des Rathauses

Auf der Freitreppe des Rathauses findet das regelmäßig aufgeführte **Münchhausen-Spiel** statt. Im Rathaus selbst gibt es ein Münchhausen-Erinnerungszimmer. Ausgestellt sind Dokumente, zahlreiche Buchausgaben und Illustrationen sowie Degen, Jagdflinten, Schnupftabakdosen und andere Gegenstände aus dem persönlichen Besitz des Freiherrn – natürlich auch die große Kanonenkugel, auf der Münchhausen seinen legendären Ritt unternahm.

Vor dem Rathaus liegt der kleine **Stadtpark** mit einem Brunnen. Die Brunnenfigur stellt – wie könnte es hier anders sein – eine Episode aus dem bewegten Leben des Hieronymus von Münchhausen dar: Der Freiherr sitzt auf der vorderen Hälfte eines halbierten Gauls. Das Tier säuft aus einem Trog Wasser, das umgehend hinten herausläuft – sehr zum Erstaunen des sich just im Sattel umdrehenden Münchhausen und zur großen Verwunderung aller Kinder. Die Eltern haben dann die schwierige Aufgabe, dem skeptischen Nachwuchs die Geschichte des Freiherrn beizubringen, derzufolge er die getrennten Pferdehälften mit Lorbeersprößlingen wieder zusammenflicken ließ. Und weil Münchhausen immer noch einen draufsetzte, wuchs nicht bloß das geteilte Pferd zusammen, sondern aus den Sprossen auch noch eine Art Schutzverdeck für den Reiter. Ein weiterer Brunnen mit beweglichen Figuren zu Münchhausen-Geschichten steht in der Fußgängerzone.

Unmittelbar neben dem Rathaus befindet sich das **Heimatmuseum** mit Exponaten aus der Stadt- und Lan-

Der »Lügenbaron« von Bodenwerder

Im Sommer sitzt Hieronymus Carl Friedrich von Münchhausen jeden ersten Sonntag im Monat mit dampfendem Punschglas und Meerschaumpfeife in geselliger Runde vor seinem einstigen **Gutshof** in Bodenwerder. Animiert erzählt er Anekdoten aus seiner Jugendzeit: von russischen Wintern, Jagdabenteuern, Kriegserlebnissen. Stehen die Zuhörer erst im Bann der Erzählung, berichtet er plötzlich von halben Pferden, Wölfen in Schlittengeschirren oder Hummerbäumen. Das Publikum erfreuen diese Geschichten, obwohl ihr Erfinder seit 200 Jahren tot und der Erzähler bloß ein schauspielerndes Double ist.

Münchhausens Leben verlief tatsächlich abenteuerlich genug. Den 1720 geborenen Sohn eines Bodenwerder Landedelmanns verschlug es als Offizier in ein russisches Regiment, mit dem er an verschiedenen Feldzügen teilnahm. Ab 1740 war er in Riga stationiert und schrieb der Mutter: »Ich befinde mich hier in Riga sehr wohl. Es geschieht mir von den Herren Edelleuten und den dames viel Obligeance.«

Vor allem bei den »dames« dürfte der schmucke Jungoffizier für Furore gesorgt haben, bis er schließlich eine livländische Adelstochter heiratete. Einer berühmten Frau raubte er jedoch nicht den Nachtschlaf, sondern bewachte ihn: Als 1744 die junge Prinzessin Sophie von Anhalt-Zerbst über Riga nach St. Petersburg reiste, war Hieronymus von Münchhausen der erste **russische Offizier**, der vor den Gemächern der späteren Zarin Katharina II. Wachtposten bezog.

Politische Verwirrungen ließen seine Militärkarriere stagnieren. So kehrte der Freiherr von Münchhausen auf das heimatliche Gut zurück, wo er den Rest seiner Tage verbrachte. Dem wenig aufregenden Leben auf dem Gut und im unmittelbar benachbarten Städtchen setzte er seine gekonnt vorgetragenen **Anekdoten** entgegen, die sich bald herumsprachen. Der polizeilich gesuchte und nach England geflohene Dichter **Rudolph Erich Raspe** (1737–1794) aus des Gutsherren entferntem Bekanntenkreis brachte die Geschichten dort als Buch heraus. Imgleichen Jahr, 1786, erschien die von **Gottfried August Bürger** (1747–1794) übersetzte und bearbeitete deutsche Ausgabe. Das Buch wurde zum Welterfolg, der »Lügenbaron« zum Inbegriff des hemmungslosen Aufschneiders. Münchhausen, mittlerweile annähernd 70jährig, fühlte sich als Lügner diffamiert. Das blieb nicht der einzige Ärger während seiner letzten Lebensjahre. Nachdem seine Gattin nach glücklicher, leider kinderloser Ehe gestorben war, heiratete der 73jährige Münchhausen eine 20jährige, die ihn betrog und finanziell übervorteilte. Der Scheidungsprozeß kostete ihn sein ganzes Vermögen. Vereinsamt starb Münchhausen am 22. Februar 1797.

Das ehemalige Herrenhaus des Münchhausen-Gutshofes, heute das Rathaus

desgeschichte. Vor allem zur Weserschiffahrt bietet die Sammlung viele interessante Stücke. Ein Museumsstück befindet sich mitten im Park unweit des Brunnens: eine Dampfmaschine von 1950.

- *Rathaus mit Münchhausen-Erinnerungszimmer und Heimatmuseum* am Stadtpark, Tel. 05533/405-41, beide geöffnet April bis Oktober täglich 10–12 Uhr und 14–17 Uhr.
- *Münchhausen-Spiel* auf der Rathaustreppe: Mai bis Oktober an jedem ersten Sonntag im Monat, Beginn jeweils um 15 Uhr.

Hauptnahrungszweige der sehr betriebsamen Einwohner sind ein früher sehr bedeutender Linnenhandel, Schiffahrt, Schiffsbau und etwas Ackerbau. Die vielen Schuhmacher und Bäcker bringen ihre Waaren weit hin. Die Bodenwerderschen Pfeffernüsse, Honigkuchen und Conditorwaaren sind ihrer Güte wegen bekannt. – Auf dem ***Weserberge****, am rechten Ufer werden vorzüglich gute und viel begehrte Steine (Sollinger Platten) gebrochen, dann den Berg in den sogenannten Schleiten hinabgerollt, in den hart an der Weser liegenden Schleifmühlen in allen Grö-*

ßen schön geschliffen, bekantet, und weithin, bis nach Amerika versandt. (August Engel, Weserbuch, 1845)

Aussichtstürme

Wanderungen mit krönendem Ausblick führen von Bodenwerder auf das östliche Weserufer. Stadtnah liegt der 204 m hohe **Eckberg** mit dem steinernen Bismarckturm, von dem aus sich die Weserschleife um Bodenwerder überblicken läßt. In südlicher Richtung führen Wanderwege zu den **Aussichtstürmen** Königszinne (255 m), Bodoturm (412 m) und Ebersnacken (460 m).

Klosterkirche Kemnade

Um 950 wurde im heute zu Bodenwerder zählenden Ortsteil Kemnade ein Nonnenkloster gegründet. **1046** weihte man die später mehrfach umgebaute Klosterkirche. Hundert Jahre darauf geriet die Äbtissin wegen extremer Verschwendungssucht in Verruf. Die Mönche von Corvey übernahmen die Leitung des Klosters Kemnade. 1777 hob man das Kloster, das nach der Reformation als Damenstift gedient hatte, auf.

Der überwiegend frühromanischen Klosterkirche ist anzusehen, daß sie mehrere Bauphasen durchlaufen hat. Zu ihren Schätzen gehört die vielleicht schönste Madonna des Weserberglandes. Die **Strahlenmadonna** ist eine Schnitzarbeit aus dem späten 15. Jahrhundert. Der unvermeidliche Münchhausen ist ebenfalls in der Kemnader Klosterkirche präsent – irgendwo unter den Fußbodenplatten liegt sein Skelett. Die genaue Stelle ist nicht mehr bekannt. Um 1860 wurden die alten Grabgewölbe unter der Kirche kurzerhand mit Sand zugeschüttet, da aufsteigende Fäulnisgerüche den Gottesdienst empfindlich zu stören begannen...

***Königszinne** – Der dem letzten Könige von Hannover, Georg V., gewidmete Turm ist ein Werk des einstigen Bürgermeisters Siemens (Inschrift) und wurde am 18. Oktober 1863 zur Jubelfeier der Schlacht bei Leipzig vollendet. Die Aussicht ist schön, wenn auch viel beschränkter als die vom Eckberge: Zu Füßen Bodenwerder und Kemnade und die Weser bis Ohsen. Im Westen auf der Hochebene Ottenstein. Genau im Südwesten der Köterberg mit Schutzhütte und in dem Sattel rechts von ihm das Dorf gleichen Namens. Im Nordosten der Ith und links dahinter sich anschließend die Weserkette.* (Führer durch das Oberwesergebiet, 1912)

Folgende Seiten: Die Weser bei Rühle

Zwischen Bodenwerder und Hameln

Emmerthal

Zur Großgemeinde Emmerthal im Landkreis Hameln-Pyrmont zählen 17 verstreut gelegene Ortschaften. In **Emmern** mündet die Emmer in die Weser. Dieser Nebenfluß verlieh der Gemeinde, deren Dörfer sich aber nicht nur unmittelbar an der Emmer, sondern auch östlich der Weser befinden, ihren Namen. Die ruhigen Emmerthaler Ortsteile sind stille Ferienorte, bieten aber dennoch einige herausragende Sehenswürdigkeiten.

- *Informationen*: Gemeindeverwaltung Emmerthal, Berliner Str. 15, 31860 Emmerthal, Tel. 05155/690, Fax 6931.

Grohnde

Früher war das Amt Grohnde Verwaltungsmittelpunkt für die umliegenden Dörfer. Die einstige Bedeutung ist noch heute an der Architektur erkennbar. Ein **Torturm** aus dem 14. Jahrhundert, das **Forstamt** mit dem Tor zur Weserfähre hin und andere Gebäude erinnern eher an eine geschichtsträchtige Stadt als an ein Dorf. Gepaart mit der tatsächlich nur bescheidenen Größe Grohndes entsteht so der Eindruck, man befinde sich in einer Art Disneyland-Mittelalter.

Zum historischen Ambiente gehört die **Weserfähre**. Auch sie ist nicht bloß eine Touristenattraktion. Seit 1150 wurde das Fährrecht an der Grohnder Fähre als Lehen weitergegeben. Zwar ist das Fährmannsamt heute kein königliches Legat mehr, sondern ein Privatunternehmen, doch ist die Fähre nach wie vor ein wichtiges Verkehrsmittel. Natürlich wäre eine Brücke effektiver. Doch die Grohnder Fähre veranlaßt selbst tempofreudige Autofahrer dazu, einmal den Motor abzustellen. Man hört den Fluß rauschen, sieht über grüne Wiesen, zum Tor am Anleger und hat Pause – gezwungenermaßen, aber darum nicht weniger erholsam. Ein Blick weserabwärts holt die Reisenden aber schnell aus dem beschaulichen Idyll in die Wirklichkeit zurück, dort ragen nämlich die Kühltürme des Atomkraftwerks Grohnde aus den Flußauen.

Die Fährfahrt lohnt sich auch aus kulinarischen Gründen. Am Weserostufer steht das Restaurant »Grohnder Fährhaus«, eines der beliebtesten **Ausflugslokale** zwischen Hameln und Höxter. Der Kaffeegarten ermöglicht den Ausblick auf Fluß, Fähre und Grohnde, die Speisekarte bietet als Spezialität Aalgerichte.

- *»Grohnder Fährhaus«*: Fähranleger Grohnde Ostufer, Tel. 05155/380.

Börry

Der Abstecher zum Weserostufer kann mit einem Besuch des 1985 gegründeten Museums für Landtech-

Die Grohnder Weserfähre

nik und Landarbeit verknüpft werden. Im Emmerthaler Ortsteil Börry ist ein gewachsenes, **museales Dorfensemble** zu besichtigen. Das Museum besteht unter anderem aus einer Kirche nebst Pfarrhaus, Scheunen, Werkstätten und einer umfangreichen Sammlung landwirtschaftlicher Geräte. Im rustikalen Ambiente eines ehemaligen Backhauses ist das gemütliche Museumscafé untergebracht.

- *Museum für Landtechnik und Landarbeit*: Frenker Str. 22, 31860 Emmerthal-Börry, Tel. 05157/209, geöffnet 1. April bis 31. August tägl. 12–17 Uhr außer Mo; Gruppenführungen nach Absprache.

Schloß Hämelschenburg

Auf halbem Wege zwischen Emmern und Bad Pyrmont liegt Hämelschenburg. Das dortige Schloß gilt als bedeutendste Schloßanlage der **Weserrenaissance**. Von Wasser umgeben und zwischen Emmerfluß und Waldrand gelegen, bietet es wirklich einen prächtigen Anblick. Es ist eine der frühesten Dreiflügelanlagen, die von Baubeginn an als solche entworfen wurden. Der verantwortliche Baumeister blieb bis heute unbekannt. Vermutlich waren gleich mehrere beteiligt, wofür auch die Tatsache spricht, daß sich die drei Gebäudeflügel erheblich voneinander unterscheiden.

Die Hämelschenburg, Stahlstich des 19. Jahrhunderts

Auftraggeber der Anlage waren **Jürgen von Klencke** und seine Gattin **Anna von Holle**. Das für dieses Projekt in nicht unbeträchtlicher Menge erforderliche Geld hatte Jürgen von Klencke zuvor als Söldnerführer im Dienst Wilhelms von Oranien verdient – ganz offensichtlich ein lukrativer Job. Seine Partnerin verkörperte einen merkwürdigen Gegenpol zum berufsmäßigen Raufbold: Anna von Holle, eine feinsinnige und wegen ihrer Mildtätigkeit gegenüber Armen berühmte Frau, gilt als Vorbild für die Grimmsche Märchenfigur der »Frau Holle«. 1588 begann man mit der Errichtung des Nordflügels, **1607** wurde die Anlage durch den aufwendig gestalteten Südflügel vollendet.

Wer die Fassaden aus der Nähe betrachten will, geht über die den Wassergraben überspannende Steinbrükke in den Innenhof. Obwohl das Schloß noch immer im Privatbesitz der Familie von Klencke ist, sind die Innenräume zu besichtigen. Gezeigt werden Renaissance- und Barockmöbel sowie eine Gemälde-, Trophäen- und Waffensammlung.

Die kleine **Schloßkapelle** liegt außerhalb der Anlage unmittelbar an der Straße. Auch sie ist eine Rarität: 1563 auf den Grundmauern einer älteren Kirche erbaut, ist sie eines der frühesten protestantischen Gotteshäuser Niederdeutschlands. Im Inneren der Marienkirche befindet sich das **Grabepitaph** Jürgen von Klenckes und Anna von Holles. Das Kreuzigungsmotiv in der Epitaphmitte gilt als Werk Lucas Cranachs.

- *Schloßverwaltung Hämelschenburg*: 31860 Emmerthal-Hämelschenburg, Tel. 05155/8539. Führungen von April bis Oktober täglich außer Mo jede volle Stunde zwischen 10 und 17 Uhr. Führungsdauer ca. 30–40 Min.

Bad Pyrmont

Die Heilkraft der Quellen um Bad Pyrmont ist seit 2000 Jahren bekannt. Woher das **Heilwasser** stammt, entdeckte man erst viel später. Nur vier Kilometer von Bad Pyrmont entfernt brodelt eine glühende Gesteinsmasse 4000 Meter tief im Erdinneren. Dieses bewegte »Innenleben« produziert Kohlendioxyd und Wasser. Beides verbindet sich zu einem schwach kohlesauren Heilwasser. Auf dem Weg gen Tageslicht durchläuft es eine Salzschicht. Diese letzte Zutat vervollständigt schließlich die segensreiche Kreation »Bad Pyrmonter Mineralsolewasser«.
Das schluckten bereits die Germanen, ganz entgegen ihren sonst so berüchtigten Trinkgewohnheiten. Wiederentdeckte Opfergaben an einer Pyrmonter Quelle zeugen davon. Der Benediktinermönch Heinrich von Herford beschrieb im 14. Jahrhundert die Heilwirkung des Wassers und nannte eine Pyrmonter Quelle **fons sacer** (»Heilige Quelle«, später wurde daraus auf neugermanisch »Hylliger Born«). Unweit dieser Quelle errichteten die Grafen von Spiegelberg im 16. Jahrhundert ihr Schloß. Als Graf Georg Friedrich zu Waldeck und Pyrmont 1668 einen Brunnentempel und die **Hauptallee** anlegen ließ, begann Bad Pyrmonts Karriere als Kurort. Tatsächlich ist die auf die Heilquelle ausgerichtete Hauptallee die weltweit erste und älteste **Kurparkanlage**. Im 16./17. Jahrhundert entwickelte sich Bad Pyrmont zum mondänen Kurort internationalen Formats. Im legendären **Pyrmonter Fürstensommer** anno 1681 weilten mehr als 40 gekrönte Häupter vor Ort. Auch die Künstlerelite von Lessing bis Lortzing kam nach Pyrmont. In der Brunnenstraße entstanden herrschaftliche Villen. Hier verbrachte im Haus Nr. 16 Friedrich der Große zweimal seinen Badeurlaub.
Ganz so mondän geht es hier heute nicht mehr zu. Gesundheit ist Trumpf, die Kuren sind offen und – glücklicherweise – fast für jedermann erschwinglich. Bad Pyrmont bietet Ruhe ohne ganz große Sensationen. Wer sich dabei mangelhaft unterhalten fühlt, dem sei Johann Wolfgang von Goethes Devise empfohlen: »Eine kleine Liebschaft ist das einzige, was uns einen Badeaufenthalt erträglich machen kann; sonst stirbt man vor Langeweile!« – Der Mann war übrigens auch einmal Badegast in Bad Pyrmont.

Für die Badegäste ist in jeder Weise gesorgt. Fast jedes Haus nimmt Fremde auf. Die Häuser in den meist breiten Straßen sind größtenteils mit freundlichen Vorgärten, Veranden und Balkons versehen, liegen voneinander getrennt und bieten angenehme Wohnräume. Preis für ein Zimmer von 10 M. wöchentlich an, dazu 3 M. für Bedienung. Für Frühstück und einfaches Abendessen sorgen die Hausbesitzer, das Mittagessen liefern die Gasthöfe. Auch in diesen finden viele Kurgäste Pension. Für die Kurgäste Gelegenheit zu Jagd und Fischerei (Forellen). Im Kurhause regelmäßig Réunions und Bälle, auch Symphonie- und Künstlerkonzerte; im Theater, auch Naturbühne, fast täglich Vorstellungen. Kurkonzert dreimal täglich; Garten- und Kostümfeste; Gelegenheit zu Schießübungen, Spielplätze für Erwachsene und Kinder. Anfang August internationales Tennis-Tournier, Ende Juli Rennen. (Führer durch das Oberwesergebiet, 1912)

- *Information*: Kur- und Verkehrsverein e.V., Südstr. 11a, 31812 Bad Pyrmont, Tel. 05281/940511, Fax 940555.

Sehenswürdigkeiten

Kurpark mit Palmengarten

Bad Pyrmonts Kurpark ist ein Prunkstück der Gartenkunst. Die in mehrere Bereiche gegliederte Parkfläche umfaßt ca. 60.000 m^2. Darin befinden sich barocke Alleen, Wasserlandschaften und das größte Blumenbeet Europas. Hauptattraktion ist aber der **Palmengarten**, der als nördlichste europäische Palmenfreianlage auch einen Superlativ hält. In unseren Breiten unter mehr als 300 verschiedenen Palmenarten zu wandeln, ist schon ein Erlebnis besonderer Art. Allerdings ist der Palmengarten nur eine zeitweilige Oase, denn von November bis Mai überwintert die grüne Pracht im **Gewächshaus** – Illusion hat ihre Grenzen. Doch auch im Winterquartier können die Palmen besichtigt werden.

Zum Saisonhöhepunkt zelebriert man im Kurpark alljährlich am ersten Septembersonntag den **Goldenen Sonntag**. Die ganze Anlage wird dann festlich illuminiert, Feuerwerk und ein kulturelles Rahmenprogramm ergänzen das Spektakel.

- *Kurpark und Palmengarten*: Kostenlose botanische Führungen ab Mai alle 14 Tage So, Treffpunkt 8.30 Uhr am Lesesaal der Kurverwaltung. *Palmengarten im Winterquartier:* Führungen ab Mitte Nov. Mo/Mi. Treffpunkt 14.30 Uhr am Palmenhaus.

Eine Pyrmonter Attraktion der besonderen Art, die sogenannte ***Dunsthöhle****, empfahl der »Führer durch das Oberwesergebiet« aus dem Jahre 1912 seinen Lesern für einen – wohlweislich – kürzeren Besuch: »Sie ist eine Höhle nach Art der Grotta del cane zu Neapel. Je nach Jahreszeit und Witterung steigt in ihr das tödliche Kohlensäuregas bis zu 2 m empor. Im Sommer öffnet ein Wärter gegen ein mäßiges Trinkgeld das Schutzgitter und zeigt interessante Versuche mit angezündetem Stroh und Seifenblasen. Längeres Verweilen in ihr ist mit Gefahr verbunden, und in früheren Zeiten hat manches Opfer der Spielhölle hier seinen Tod gesucht.«*

Rechte Seite: Der »Hyllige Born«

BORN

Schloß Pyrmont

Nahe den Heilquellen errichteten die Grafen von Spiegelberg 1526–36 ein Schloß. Wenig später ging der Besitz auf die Lipper Grafen über und wurde vom Hamelner Baumeister Jürgen Eddeler weiter ausgebaut. Zu dieser Zeit diente das Anwesen nicht allein der Repräsentation, sondern auch militärischen Zwecken. Hinter dem Wassergraben schützen hohe Wälle einen tiefergelegten Innenhof – die strategische Antwort auf die damals noch mäßige Feuerkraft feindlicher Kanonen. Doch Schutzwälle bewahren nicht vor Nahrungsknappheit, und so wurde die Festung 1629/30 während des Dreißigjährigen Krieges nach zehnmonatiger Belagerung und zur Neige gegangenen Vorräten gestürmt. Das Schloß wurde dabei erheblich zerstört.

1706–10 veranlaßten die neuen Besitzer von Waldeck-Pyrmont den Neubau auf den Resten des Renaissanceschlosses. Die **Festungsanlage**, obwohl militärisch im 18. Jahrhundert längst unbedeutend, blieb dabei erhalten. So ist Schloß Pyrmont heute Norddeutschlands einzige intakte Festung aus dem 16. Jahrhundert. Die Anlage ist zu besichtigen. Geheimgänge, Walltunnel und eine gute Aussicht vom Wall auf den Kurpark machen einen Spaziergang zum Erlebnis.

Das Schloß selbst ist in Stadtbesitz und ebenfalls zugänglich. In dem hier untergebrachten **Museum** informiert eine Ausstellung über die Stadtgeschichte, wobei die Entwicklung zum Badeort einen besonderen Schwerpunkt ausmacht. Die einstigen Fest- und Wohnräume der Beletage im Obergeschoß dienen als historische Schauräume und als Gemäldegalerie mit Werken aus dem 18./19. Jahrhundert. Sonderausstellungen, Kammerkonzerte und ähnliche Veranstaltungen bieten zudem ein vielseitiges **Kulturprogramm**, über das man sich rechtzeitig informieren sollte.

- *Schloß Pyrmont*: Schloßstr. 13, Außenanlagen täglich 8.30–21.45 Uhr frei zugänglich.

- *Museum:* Tel. 05281/949248, geöffnet täglich 10–17 Uhr außer Mo Schloßführung jeden Dienstag 10 Uhr, Treffpunkt an der Museumskasse.

Lemgo

Gelegen zwischen Teutoburger Wald und Weserbergland, besaß Lemgo einst große Bedeutung als **Handelsstadt** und war Mitglied des Hansebundes. Von guten Geschäften einheimischer Kaufleute zeugen die reichen Fassaden der Altstadthäuser – mit **über 200 Baudenkmälern** von Gotik bis Klassizismus zählt Lemgo zu den schönsten mittelalterlichen Städten Deutschlands.

Daß diese Architekturpracht erhalten blieb, lag paradoxerweise eher an zuwenig statt übermäßig vorhandenem Reichtum. Nachdem das 1190 gegründete Lemgo im 16. Jahrhundert eine wirtschaftliche und kulturelle Blüte erlebt hatte, folgte wie

Rathauskomplex am Marktplatz mit den Türmen der Stadtpfarrkirche

bei vielen anderen Städten des Weserberglandes nach grausamen Verwüstungen während des Dreißigjährigen Krieges der tiefe Fall. Lemgo verkam zur unbedeutenden Akkerbürgerstadt. Statt feinsinniger Kultur bestimmte ein Rückschritt ins tiefste Mittelalter mit grausamen **Hexenverfolgungen** das städtische Gemeinschaftsleben. Die Häuser verfielen, für Neubauten fehlte das Geld. Kunstvolle Schnitzereien und Fassadenschnörkel verschwanden unter dicken Putzschichten.

Während des 20. Jahrhunderts kehrte der Wohlstand allmählich nach Lemgo zurück. Ebenso aufwendig wie behutsam restaurierten die Lemgoer ihr architektonisches Erbe. Das Ergebnis ist sehenswert. Der historische Kern inmitten der lebendigen, modernen 40.000-Einwohner-Stadt läßt sich bequem zu Fuß erkunden. Anstelle der mittelalterlichen Wallbefestigung umgibt eine **Parkanlage** die Altstadt. Rings um die Anlage stehen Großparkplätze zur Verfügung.

- *Information:* Lemgo Information, Verkehrsamt, Papenstr. 7, 32657 Lemgo, Tel. 05261/213347, Fax 213215.

Ende des 18. Jahrhunderts ward hier zuerst in Deutschland eine Fabrik zur Verarbeitung des Meerschaums angelegt, und Lemgo ist noch heute nächst Wien der bedeutendste Platz für echte Meerschaumwaren. Die ***Lemgoer Fabrikate*** *haben vor den Wiener den Vorzug, daß sie sich schöner und regelmäßiger anrauchen, weil sie länger in Wachs gesotten werden, wodurch sie allerdings das glänzend weiße Aussehen einbüßen. Die Meerschaumabfälle werden in Lemgo nicht verarbeitet, sondern nach Ruhla in Thüringen versandt, wo sie zur Herstellung unechter Meerschaumwaren dienen.* (Führer durch das Oberwesergebiet, 1912)

Sehenswürdigkeiten

Marktplatz mit Rathaus und Nikolaikirche

Fast die gesamte Ostseite des Marktplatzes nimmt das Rathaus ein. Das UNESCO-geschützte Baudenkmal ist auf den ersten Blick überhaupt nicht als zusammenhängendes Gebäude erkennbar. Als erster Bauabschnitt entstand um 1350 der langgestreckte, vermutlich als Markthalle konzipierte **Saalbau**. Bis zum Beginn des 17. Jahrhunderts folgten immer neue An- und Ausbauten im jeweiligen Stil der Zeit, um dem gestiegenen Platzbedarf gerecht zu werden. So vereint das Lemgoer Rathaus gotische Architektur mit Renaissancegiebeln, Arkaden und kunstvollen Erkern. Zwei im wahrsten Sinne des Wortes hervorragende Elemente des Rathauses sind die **Ratslaube** mit der Kornherrenstube und der Apothekenerker. Die Ratslaube an der Mittelstraße entstand 1565 als Haupteingang des Amtsgebäudes und wurde 1589 um die Kornherrenstube aufgestockt. Die **Figuren** in den Brüstungsfeldern der Stube stellen die Sieben Freien Künste dar. Von links nach rechts haben Grammatica, Dialectia, Rhetorica, Musica, Arithmetica, Geometria und Astronomia ihren Auftritt.

Beim direkt an der Ecke Mittelstraße/Marktplatz gelegenen **Apothekenerker** bestimmen zwölf schmale Fenster den Eindruck filigraner Eleganz. Doch auch hier ist ein Fi-

Der kunstvoll verzierte Apothekenerker

gurenschmuck angebracht. Der Fries zeigt die Darstellung zehn berühmter **Ärzte und Naturforscher** – als Zierschmuck einer Apotheke durchaus angemessen. Von einschlägiger Art ist außerdem der Spruch unter dem Erkergiebel: »Wenn Du krank bist, so bitte den Herrn und laß ab von Deinen Sünden, so wird der Dich gesund machen und danach laß den Arzt zu Dir, denn der Höchste hat ihn geschaffen, die Arznei kommt vom Herrn und der Apotheker bereitet sie.«
Ein ebenso buntes Ensemble wie das Rathaus ist die **Nikolaikirche** – ihren Doppelturm krönen zwei unterschiedliche Helme (der nördliche entstand 1569, der südliche 1663). Unmittelbar hinter dem Rathaus ragen die Türme der alten **Stadtpfarrkirche** auf. Ihr Bau begann etwa 30 Jahre nach der Gründung Lemgos (1190). Der geschnitzte Hochaltar aus dem 17. Jahrhundert, ein Renaissance-Taufstein und einige wertvolle Epitaphe schmücken die Innenausstattung. Der hübscheste Weg zur Nikolaikirche führt durch die schmale Gasse zwischen dem Rathaus und dem einstigen **Zeughaus** (erbaut 1548) am Südende des Marktplatzes.

Hexenbürgermeisterhaus mit Heimatmuseum

An der Südwestecke des Marktplatzes beginnt die südwärts verlaufende Breite Straße. Hier stehen prächtig erhaltene Ackerbürgerhäuser mit

Fachwerkgiebeln. Das vornehmste Patrizierhaus Lemgos an der Breiten Straße Nr. 19 ließen Bürgermeister Hermann Kruwel und Lisbet Vorstenow 1568–71 erbauen. Baumeister der grandiosen Renaissancefassade war der ortsansässige Hermann Wulf, der auch die Rathauslaube und das Schloß Brake schuf.

Zweifelhaften Ruhm erlangte das Haus durch einen späteren Besitzer. **Hermann Cothmann** führte während seiner Amtszeit als Lemgoer Bürgermeister zwischen 1665 und 1681 mehr als 200 **Hexenprozesse** gegen seine Mitbürger. Über 90 Todesurteile wurden vollstreckt. Durch Folter erpreßte Geständnisse brachten kritische Lemgoer auf den Scheiterhaufen. Durch Zahlung von 100 Talern und mehr konnten sich die Verurteilten den schnellen Tod durch das Richtschwert erkaufen. Nach den Schreckensjahren des Dreißigjährigen Krieges neigten die Menschen überall in Deutschland zur Bigotterie, doch in Lemgo trieben Hermann Cothmann und seine Genossen ein besonders menschenverachtendes Unwesen. Im Namen der Inquisition verurteilten sie sogar den Pastor Andreas Koch zum Tode, der öffentlich um christliche Barmherzigkeit für die der Zauberei Verdächtigten gebeten hatte.

Schauplatz der Folterungen war jedoch nicht das Hexenbürgermeisterhaus, sondern ein Verlies in der mittlerweile geschleiften **Stadtmauer**. Die gruseligen Utensilien der Folterknechte sind heute im **Heimatmuseum** ausgestellt, das im Hexenbürgermeisterhaus untergebracht ist. Das Museum zeigt natürlich auch »alltägliche« Exponate zur Stadtgeschichte Lemgos. Ein eigener Raum ist **Engelbert Kämpfer** (1651 bis 1716) gewidmet. Der gebürtige Lemgoer war einer der bekanntesten Forschungsreisenden seiner Zeit. Als erster Europäer beschrieb er die Erdölquellen bei Baku. Bücher über seine Reisen durch Persien und durch das im 17. Jahrhundert in Europa weitgehend unbekannte Japan machten ihn international berühmt. Begraben liegt Engelbert Kämpfer in der Lemgoer Nikolaikirche. Viele seiner Schriften blieben bislang unveröffentlicht und werden im Londoner British Museum aufbewahrt.

Ein Besuch der Marienkirche kann sich an den Rundgang durchs Museum anschließen. Sie liegt unweit des Hexenbürgermeisterhauses zwischen Heustraße und Stiftstraße. Der gotische Bau wurde 1270–1320 als Pfarrkirche der Lemgoer Neustadt errichtet und ist vor allem wegen seiner Orgel berühmt. Auf dem Instrument aus dem frühen 17. Jahrhundert spielen während der jährlich im Mai/Juni stattfindenden **Lemgoer Orgeltage** internationale Künstler. Der Klang der Marienkirchenorgel entspricht nach Expertenansicht exakt dem Ideal der deutschen Spätrenaissance.

- *Hexenbürgermeisterhaus*: Breite Str. 19, Tel. 05261/213276, Heimatmuseum geöffnet Di bis Fr 10–12.30 und 13.30–17 Uhr, Sa 10–17 Uhr, So 10–12.30 und 13.30–17 Uhr, Mo geschlossen.

Junkerhaus

Um zum Junkerhaus zu gelangen, muß man die Altstadt durch das Ostertor verlassen. Auf dem Weg vom Marktplatz über die Mittelstraße zum Ostertor passiert man einige weitere bemerkenswerte Gebäude. An Nr. 36 schmücken personifizierte Gestirne die Fassade des **Planetenhauses** (erbaut 1612). **Haus Sonnenuhr** (Baujahr 1546) gegenüber der Rosenstraße ziert ein namensgebender Solarchronometer. Mittelstraße 17 ist das Gebäude mit Namen **Alt-Lemgo**, ein Fach- und Schnitzwerkmeisterstück von 1587. Weniger betagt, aber nicht minder kurios ist das Junkerhaus (Hamelner Straße 36, zu erreichen über Ostertor und Bismarckstraße). **Karl Junker** war studierter Kunstmaler und gelernter Schreiner, als er sich 1890 endgültig in Lemgo niederließ. Bis zu seinem Tod 1912 lebte er allein in dem nach ihm benannten Haus, allein mit seiner künstlerischen Kreativität und der offenkundigen Sehnsucht nach einer Familie: Wände, Decken, Treppen und Mobiliar sind mit Schnitzarbeiten überladen. Phantasievolle Ornamente und alptraumhafte Figuren variieren das permanente Familienmotiv. Zu den Möbeln des ewigen Junggesellen zählten auch ein Ehe- und ein Kinderbett – über dem ganzen Interieur liegt ein Hauch von »Psycho« à la Hitchcock.

- *Junkerhaus*: Hamelner Str. 36, Tel. 05261/2421, Öffnungszeiten wie das Heimatmuseum im Hexenbürgermeisterhaus.

Schloß Brake und das Weserrenaissance-Museum

Der Lemgoer Stadtteil Brake liegt ca. zwei Kilometer südöstlich der Altstadt. Das Schloß Brake entstand 1584–92, doch war sein Auftraggeber **Graf Simon VI.** (1563–1613) nicht der erste Bauherr an diesem Ort. Bereits im 12. Jahrhundert stand hier eine hochmittelalterliche **Burg**, von der erst jüngst restaurierte Mauerreste und der noch immer vorhandene Wassergraben zu sehen sind.
Das **Renaissanceschloß** wurde mehrfach umgebaut. Erhalten blieb aber der siebengeschossige **Turm**, obwohl mittlerweile die umlaufende Holzkonstruktion am Turmhelm fehlt, von der aus Graf Simon VI. seine astronomischen Studien zu betreiben pflegte. Im Turm befinden sich das einstige Privatgemach des Grafen und eine kleine Geheimkammer, über deren Zweck man nur spekulieren kann.
Details zur Baugeschichte des Schlosses sind Bestandteil der umfangreichen Sammlung des **Weserrenaissance-Museums**. Auf insgesamt 2000 m^2 Ausstellungsfläche wird auf Schloß Brake ein umfassender Eindruck von dieser regionaltypischen Architekturspielart vermittelt. Regelmäßig veranstaltete **Sonderausstellungen** zu Einzelaspekten der Wirtschaft, des Wohnens und der Volkskultur in der Renaissance ergänzen das Angebot. Darüber hinaus versteht sich das erst 1986 ge-

Folgende Seite: Schloß Brake mit dem markanten siebengeschossigen Turm

gründete Weserrenaissance-Museum als ein wissenschaftliches Zentrum der Renaissanceforschung, in dem ausgehend von der Baugeschichte auch die kulturelle, wirtschaftliche und soziale Situation des Weserraumes im 16. und 17. Jahrhundert untersucht werden soll.

Die Räumlichkeiten Schloß Brakes umfassen neben dem eigentlichen Prunkbau auch zahlreiche Wirtschaftsgebäude wie Mühlen und ein Waschhaus. Hier wird unmittelbar deutlich, welche große wirtschaftliche Bedeutung die Adelssitze einst in der Weserberglandregion besaßen. Das ehemalige Waschhaus und ein Mühlenmuseum sind ebenfalls für Besucher zugänglich, ein Anbau der Schloßmühle dient als Café.

- *Schloß Brake – Weserrenaissance-Museum*: Postfach 820, 32638 Lemgo-Brake, Tel. 05261/2075 u. 2076, Fax 16475, geöffnet Di bis So 10–18 Uhr. An Feiertagen auch montags geöffnet. 24., 25., 31. Dezember und 1. Januar geschlossen.

Hameln

Den sagenhaften Rattenfänger kennt man weltweit. Nicht zuletzt wegen dieser Märchengestalt ist Hameln touristischer Mittelpunkt des Weserberglandes. Kennzeichen und Anzahl der Reisebusse, die sich an Sommersonntagen vor Beginn des Rattenfängerspiels auf den Großparkplätzen vor der Altstadt versammeln, sind der beste Beweis dafür. Im offiziellen Hamelner Fremdenverkehrsprospekt sind die Texte in deutscher, englischer, französischer und japanischer Sprache gedruckt – bei den Gästen aus Fernost gilt die Rattenfängerstadt als unverzichtbarer Programmpunkt einer jeden Deutschlandreise.

Auch ohne den **Mythos vom Rattenfänger** wäre Hameln die Anreise wert, denn seit den frühen 60er Jahren bemühte man sich um Sanierungskonzepte für die historische Altstadt. Die Ergebnisse werden bei Stadtrundgängen präsentiert oder lassen sich in Spaziergängen auf eigene Faust entdecken. Viele Restaurants und ein umfangreiches Kulturangebot sorgen für zusätzliche touristische Attraktivität.

Da die Weser hier einige natürliche Übergänge aufweist, ist das Hamelner Stadtgebiet vermutlich bereits früh besiedelt worden. Die heutige Stadt geht auf eine **Klostergründung** zurück. Im 8. Jahrhundert sandte das Kloster Fulda Mönche aus, die sich auf dem Gebiet des heutigen Münsters St. Bonifatius in der Nähe eines Sachsendorfes niederließen. Um 1200 wird der Ort erstmals als Stadt erwähnt. Neben der günstigen Lage an der **Weserfurt** sorgte ein weiteres Naturphänomen für Aufschwung. Auf der Höhe der heutigen Münsterbrücke liegt eine **Felsbarre** im Flußbett. Man nutzte schon im Mittelalter diese Barre als Fundament für ein Stauwehr. »Quernhameln« (Mühlenhameln) hieß die Stadt damals. Der Mühlstein im Hamelner Stadtwappen symbolisiert die Verbundenheit mit dem Gewerbe. Die Tradition ist ungebrochen. Noch immer zählen **Mühlenbetriebe** zur lokalen Industrielandschaft.

An dem mittleren, auf der Insel ruhenden Pfeiler der neuen Weserbrücke werden mit Senken und Zugnetzen ***Lachse*** *gefangen. Die beide Ufer mit dem Werder verbindenden Wehre verursachen ein ziemlich weit hörbares Wasserfallen. Unterhalb der Brücke die neue, zur Weizenmüllerei bestimmte Mühle von Fr. Wilhelm Meyer, das ausgezeichnetste und grösste Werk seiner Art in der Provinz Hannover. Das nicht weniger als 7 Turbinen (System Henschel-Jouval) enthaltende Werk ist zum täglichen Vermahlen von 3000 bis 3500 Zentnern Weizen eingerichtet. Durch eine Explosion im Silo des Mühlenwerks wurden am 7. Nov. 1887 11 Menschen unter den Trümmern begraben; der beschädigte Teil der Mühle ist jedoch mit besonderen Vorkehrungen gegen ähnliche Gefahren bald wieder hergestellt. (...) Herr Meyer besitzt eine ganze Flotte von Dampfern und Schleppschiffen, um Körner zu- und Mehlprodukte abzuführen.*
(Illustriertes Reise- und Wanderbuch durch die Gebiete von Niedersachsen, 1898)

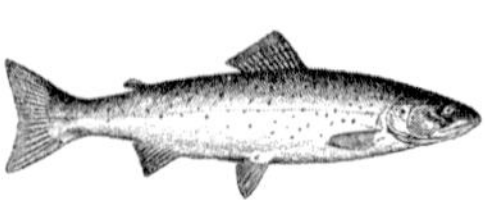

Vor dem Bau der ersten Schleuse (1732) verhinderte die Felsbarre durchgehenden Schiffsverkehr. Nur an einer Stelle, am sogenannten **Hamelner Loch**, war die riskante Durchfahrt möglich. Die Schiffsfrachten mußten umgeladen werden, und Hameln erhielt wie Hann. Münden **Stapelrecht** – ein weiterer Garant wirtschaftlichen Aufschwungs. 1426–1572 war die Stadt Mitglied im Städtebund der Hanse. Zur Blütezeit der Weserrenaissance im 16. und frühen 17. Jahrhundert entstanden zahlreiche prächtige Bürgerhäuser.
Nach dem Dreißigjährigen Krieg ließen die Welfen Hameln zur Festung ausbauen (1664–84). Vor Napoleons Truppen mußte das »Gibraltar des Nordens« jedoch kapitulieren. Die Franzosen schleiften die komplette Befestigungsanlage gründlich. Nur der **Haspelmathturm** und der **Pulverturm** im Norden blieben erhalten. Über die einstigen Wälle rollt heute der Verkehr auf dem Straßenring um die Altstadt.
Dank dieser Altstadt – und natürlich des Rattenfängers – wurde Hameln zur Touristenmetropole. Fast das gesamte Altstadtzentrum ist eine Fußgängerzone. Bei einer Anreise per PKW sollte man die Parkplätze nutzen, die heute das historische Areal anstelle einer Stadtbefestigung umgeben.

- *Information*: Tourist-Information Hameln, Deisterallee 3 (am Bürgergarten), 31785 Hameln, Tel. 05151/202-617/18/19, Fax 202-500.

Ratten haben ein ausgesprochen schlechtes Image, berufsmäßige Ungezieferjäger erfreuen sich gleichfalls geringer Beliebtheit und Kindesentführung gilt als besonders verwerfliches Delikt. Aus diesen wenig erfolgversprechenden Zutaten mixten die Hamelner ein zugkräftiges Tourismuskonzept. Die finstere Tat des Rattenfängers lockt seit Jahrzehnten Gästescharen in die Stadt. Spätestens hier erfahren sie dann, daß der Übeltäter zwar in Hameln allgegenwärtig, historisch jedoch unverbürgt ist.
Im **Märchen** lockt der Rattenfänger durch süße Flötentöne die unbeliebten Nagetiere aus der Stadt. Von der Plage erlöst, verweigern ihm die Bürger den vorher ausgehandelten Lohn und jagen den Retter davon. Der Flötenspieler kehrt zurück. In bewährter Manier führt er alle Kinder ab vier Jahren aus dem Ort. Mit Ausnahme eines blinden und eines stummen Kindes verschwinden alle spurlos.
Der Auszug der Kinder erfolgte angeblich am **26. Juni 1284**, wie die Inschrift am Rattenfängerhaus verkündet. Auf diese Jahreszahl bezieht sich die vorherrschende Theorie zur Entstehung der Sage. Während jener Zeit warben Adlige, darunter der Graf von Schaumburg, in der Region Menschen für die Ostkolonisation an. Schlesien, Mähren, Pommern und Preußen wurden von deutschen Auswanderern besiedelt. Vermutlich sind 130 Hamelner Bürger (»Kinder der Stadt«) dem Aufruf eines Werbers gefolgt. Für die damals erst 1500 Einwohner zählende Stadt ein empfindlicher Aderlaß, traumatisch genug, um die grausige Mär vom Rattenfänger zu begründen.
Heute existieren in Hameln vermutlich mehr Ratten als im Mittelalter. Allerdings sind die meisten aus Schokolade, Brotteig, Plastik, Plüsch – es gibt kaum ein Material, das in Hameln nicht zur Ratte verarbeitet wird. Und wer nach dem **Rattenfänger-Freilichtspiel** im Restaurant den Verzehr des obligaten »Rattenfängerschmauses« mit einem 50prozentigen »Rattenkiller« krönt, erkennt: Gegen diese Plage hilft kein Pfeifer.

Sehenswürdigkeiten

Marktplatz

Die Durchgangsstraßen der Hamelner Altstadt sind breiter als die zentralen Verkehrswege vieler anderer Weserbergland-Städte. Auch der Marktplatz wurde bei seiner Anlage großzügig geplant. Im Mittelpunkt des Platzes steht die **Marktkirche St. Nicolai**. Sie entstand während des 13. Jahrhunderts auf Fundamenten einer älteren romanischen Kirche. Leider wurde sie im Zweiten Weltkrieg so stark zerstört, daß zwar ihr Äußeres weitgehend rekonstruiert werden konnte, von der Inneneinrichtung jedoch fast nichts erhalten blieb.

Das Eckgebäude Am Markt/Zehnthofstraße ist das **Dempterhaus**. Das 1607–08 für den Hamelner Bürgermeister Tobias von Deventer erbaute Wohnhaus kombiniert Steinbau und Fachwerk in prachtvoller Weise – ein Paradebeispiel der Weserrenaissance.

Vom **Rathaus** blieb nach der Zerstörung im Zweiten Weltkrieg nur noch die große Terrasse, gelegen rechts neben der Marktkirche und vor der Westfassade des Hochzeitshauses. Die einstige Rathaus-, jetzt **Hochzeitshaus-Terrasse** ist an jedem Sonntag in der Zeit von Mitte Mai bis Mitte September Schauplatz des **Rattenfänger-Freilichtspiels**. Während ca. 80 Laienschauspieler in historischen Kostümen die Sage nachspielen, drängt sich die Menge der Schaulustigen vor der Terrasse,

Rattenfänger-Freilichtspiel

klicken Fotoapparate und surren Filmkameras. Jedem, dem im Getümmel der Masse die Handlung des Geschehens undurchschaubar bleibt, sei die mechanisierte Kurzfassung empfohlen. Voraussetzung: exaktes Timing. Um 13.05, 15.35 und 17.35 zeigt ein **Glockenspiel** mit Figurenumlauf an der Hochzeitshaus-Westfassade des Rattenfängers böses Spiel noch einmal.

Das markante **Hochzeitshaus** entstand 1610–17 in der Spätphase der Weserrenaissance, kurz vor Ausbruch des Dreißigjährigen Krieges. Die Hamelner Bürgerschaft gab es beim Baumeister Eberhard Wilkening in Auftrag, um ein repräsentatives Gebäude für städtische Feierlichkeiten zu besitzen. Heute beherbergt es unter anderem das Standesamt – der Name ist also Programm. Früher hatte auch die Rathausapotheke ihren Sitz im Hochzeitshaus. Ab 1820 amtierte hier bis zu seinem Tod Friedrich Wilhelm Sertürner (1783–1841), der 1806 das Morphin (Morphium) entdeckte.

- *Rattenfänger-Freilichtspiel*: auf der Hochzeitshaus-Terrasse. Mitte Mai bis Mitte September an jedem Sonntag um 12 Uhr, Dauer ca. 30 Minuten.

Weserrenaissance-Bürgerhäuser in der Osterstraße

Stiftsherrenhaus und Leisthaus

Ebenso wie die Bäckerstraße mündet die Osterstraße auf den Marktplatz. Beide Straßen sind die **Flaniermeilen** Hamelns und durch die vielen Gastronomiebetriebe eine Attraktion für sich. Bei Schönwetter bieten Restauranttische zwischen historischen Fassaden Ruheinseln mitten im Betrieb der Fußgängerzone.

Osterstraße Nr. 8 und Nr. 9 sind die vielleicht meistfotografierten Weserrenaissance-Bürgerhäuser überhaupt. Nr. 8, das sogenannte **Stiftsherrenhaus**, ist das ältere der beiden Gebäude. Der Ratsherr Friedrich Poppendieck ließ es 1556–1558 errichten. Dem Bauherren mangelte es offenbar nicht an Geld: Das Stiftsherrenhaus steht mit seiner Längsseite quer zur Straße, was besonders hoch besteuert wurde. Nachbar Gerd Leist war offenbar ein kühlerer Rechner. Sein Haus zeigt der Straße die schmale Giebelfront. Dafür prunkt das **Leisthaus** (erbaut 1585–89 von Cord Tönnies) mit einer schmucken Fassade. Stiftsherrenhaus (mit gemütlichen Museumscafé) und Leisthaus sind das Domizil des **Hamelner Museums**. Es präsentiert ständige Ausstellungen zur Stadt- und Regionalgeschichte, Kirchenkunst, Münzgeschichte und – unvermeidlich – zur Rattenfängersage.

- *Museum Hameln*: Osterstraße 8–9, 31785 Hameln, Tel. 05151/202-215 u. 216. Geöffnet Di bis Fr 10–16.30 Uhr, Sa/So 10–12.30 Uhr. Führungen nach Vereinbarung.

Rattenfängerhaus

Osterstraße 28 ist ein dreigeschossiges Weserrenaissance-Bürgerhaus. Ratsherr **Hermann Arends** ließ es 1602–03 errichten – mehr als 300 Jahre nach dem sagenhaften Rattenfängerereignis. Als Rattenfängerdomizil hat das Gebäude also nicht gedient. Den Namen erhielt es durch die alte **Inschrift** in der Beschlagwerkbrüstung (an der Fassade zur Bungelosenstraße): »Anno 1284 / am Dage Johanni et Pauli / war der 26. Junii / dorch einen Piper mit allerlei farve bekledet / gewesen 130 Kinder verledet / binnen Hameln geborn / to calvari bi den koppen verloren.«

Durch die **Bungelosenstraße** führte der Weg des Pfeifers und der Kinderschar aus der Stadt hinaus zum **Koppenberg**. »Bunge« ist die alte Bezeichnung für eine Trommel. »Bunge-los«, also ohne Trommelschlag und Spiel soll man zur Erinnerung an das Schreckensereignis diese Gasse durchqueren. Das Trauma lebt: Noch heute sind Musik und laute Geräusche in der Bungelosenstraße unerwünscht.

Bürgergarten

Ein Stück modernes Hameln sollte den historischen Rundgang ergänzen. Ein Fußgängertunnel ermöglicht die bequeme Passage vom Rattenfängerhaus unter dem Ostertorwall hindurch zum Bürgergarten. Vor der Parkanlage befindet sich die **Tourist-Information** des Hamelner Verkehrsvereins. Die Anlage selbst bietet Erholung und Unterhaltung – zum Beispiel bei einer Partie Riesenschach oder beim Betrachten der regelmäßig stattfindenden **Wasserspiele**. Am Nordende begrenzt der **Rathausplatz** mit dem modernen Rathaus, der Weserberglandhalle und dem Rolf-Flemes-Haus den Bürgergarten. Der Kunstkreis zeigt in letztgenannten Räumlichkeiten wechselnde Ausstellungen alter und zeitgenössischer Kunst.

- *Wasserspiele*: im Bürgergarten täglich 11–12/ 15–16 / 19.30–20.30 Uhr.

- *Kunstkreis*: im Rolf-Flemes-Haus am Rathausplatz, Tel. 05151/3070, geöffnet Di bis Fr 10–13 Uhr und 14–17 Uhr, Sa/So 10–13 Uhr.

In der Wendenstraße

Bäckerstraße und das Münster St. Bonifatius

Die Bäckerstraße ist die zweite Haupttangente der Altstadt. Sie verläuft vom Marktplatz in südliche Richtung. Wie in der Osterstraße reihen sich hier zahlreiche Cafés, Restaurants und Läden aneinander. Empfehlenswert ist ein Abstecher in die zur Weser hin gelegenen Seitenstraßen. Zwischen Fischpfortenstraße, Kupferschmiedestraße und Wendenstraße liegt ein besonders geschlossenes **Altstadtviertel**. Unter den vielen historischen Fassaden befinden sich auch das **Lückingsche Haus** (Wendenstr. 8, erbaut 1639) mit dem zurückversetzten Eingang, der ein wenig an ein großes Weinfaß erinnert, und das prächtige **Bürgerhus** (Kupferschmiedestr. 13, erbaut vermutlich um 1530).

Im Trubel der Bäckerstraße verdienen zwei Gebäude besonderes Augenmerk. Im Giebel der mittelalterlichen **Löwenapotheke** (Bäckerstr. 13) ist ein Davidstern eingearbeitet. Das um 1300 erbaute Haus diente früher als Herberge der Hamelner Schutzjuden.

Noch älter ist das Haus Bäkkerstraße 16. Es entstand bereits um 1250, wurde aber 1568/69 entscheidend umgebaut. Baumeister Cord Tönnies setzte mit der Fassade seinerzeit neue Maßstäbe für den Stil der Weserrenaissance. Derselbe Meister schuf später das Leisthaus in der Osterstraße. Tradition hat nicht nur das Gebäude an sich, sondern auch das hier ansässige Restaurant.

Der **Rattenkrug** in der Bäckerstraße 16 ist Hamelns älteste Gastwirtschaft.
Ein kurzes Stück Weg südlich des »Rattenkrugs« führt der Straßenzug Münsterkirchhof zum ältesten Siedlungsbereich Hamelns. Die Münsterkirche **St. Bonifatius** steht auf Fundamenten der Ende des 8. Jahrhunderts gegründeten Klosterkirche. Außer diesen Fundamenten blieb jedoch von der historischen Klosteranlage nichts erhalten. Zu den ältesten Bauteilen des im wesentlichen während des 13./14. Jahrhunderts errichteten Münsters zählt der achteckige romanische **Mittelturm**. An der Kirchenostseite erinnert der **Lachsbrunnen** an den einstigen Fischreichtum der Weser. An den Hamelner Wehren stauten sich die flußaufwärts schwimmenden Lachse. Noch im 19. Jahrhundert wurden hier jährlich bis zu 7000kg Lachs gefischt!
Als steinerner Beweis für die Bedeutung der Münsterkirche St. Bonifatius für Hameln liegt die alte **Weserbrücke** nicht etwa auf Höhe des Marktplatzes, sondern in der Fluchtlinie des Münsters. Über den Langen Wall und die Fischpfortenstraße führt der Weg zum Markt zurück.

Hamelner Stadtwald

Hameln ist eine der waldreichsten Städte Norddeutschlands. Die Stadtwaldfläche umfaßt 1300 ha rund um den Ort. Wer mag, kann hier Naturerlebnis mit Anschauungsunterricht verbinden. Über Erichsstraße / Süntelstraße gelangt man in nordöstlicher Richtung aus der Stadt zum **Bismarckturm** (2,5 km, gute Aussicht) und weiter zum **Naturschutzgebiet Schweineberg** mit dem einen Kilometer langen Waldlehrpfad. Ein weiterer Aussichtsturm ist der Klütturm, zu erreichen über Münsterbrücke/Klütstraße (1,5 km).
Für Leistungsspaziergänger gibt es den **Rattenfängerpfad**, eine in drei Etappen unterteilte Wanderstrecke rund um Hameln (78 km). Für sechs DM pro Person erhalten Rattenfängerpfad-Absolventen sogar eine Urkunde, sofern sie die Strecke innerhalb von zwei Jahren abwandern – nachzuweisen durch Kontrollstempel. Schließlich geht's im deutschen Wald ordentlich zu.

- *Informationen zum Rattenfängerpfad:* Wanderverein Hameln-Weserbergland, Postfach 101222, 31762 Hameln.

Rechte Seite:
Der Hohenstein im Herbst

Zwischen Hameln und Minden

Hessisch Oldendorf

Zwischen Hameln und Hessisch Oldendorf schwenkt der Weserlauf nach Westen ein. Ursache für den Kurswechsel ist die zwölf Kilometer lange Felsbarriere des Süntel. Die Felsklippen erreichen Höhen von über 430 m. Im **Naturschutzgebiet Hohenstein** finden sich viele seltene Pflanzenarten. Der Hohenstein selbst war eine altgermanische Kultstätte, geweiht der Frühlingsgöttin Ostara. Ausgewiesene Wanderwege führen zu Zielen mit so klangvollen Namen wie »Teufelskanzel«, »Hirschsprung« oder »Grüner Altar«.

Um den Hohenstein hat sich ein reicher Kranz von ***Sagen*** *gesponnen. Alter Überlieferung nach ist er eine Hauptstätte altgermanischen Gottesdienstes gewesen. Auf dem »Altar« floß das Blut der Tier- und Menschenopfer, und aus ihm sind die zarten Nelken entstanden, die ihn umblühen. (...) Nicht gern holen die Bauern Holz vom Hohenstein, denn es ist verhext. Von selbst poltern Stämme und Scheite wieder vom Wagen herunter, und das Bauholz, aus dem schon beim Fällen und Zimmern funken springen, bringt Unsegen und Feuersnot ins Haus. In den tiefen Klüften und Höhlen aber liegen verborgene Schätze und eine goldene Krone. Am Johannistage erscheint alle sieben Jahre am Trustein, 24 Stunden sichtbar, eine Schrift; wer sie lesen könnte, würde ein reicher Mann, denn sie verrät den Aufenthalt der Schätze. Und im Tale geht ein großer Hund um, der am Halsband ein Bund Schlüssel trägt, das die Bergesschlünde öffnen könnte; aber wehe dem, der es ihm zu entreißen versuchte!* (Führer durch das Oberwesergebiet, 1912)

Hessisch Oldendorf besteht aus dem im 13. Jahrhundert gegründeten Städtchen Oldendorf und 23 eingemeindeten Dörfern. Die Stadt Oldendorf gehörte zur Grafschaft Schaumburg und somit lange Zeit zu Hessen. 1905 erhielt der Ort daher den Zusatz »Hessisch« Oldendorf. Dem beschaulichen Stadtkern fehlt es an großen touristischen Höhepunkten. Immerhin gibt es ein 1583 erbautes **Herrenhaus**, das früher der Familie von Münchhausen gehörte. Der winkelförmige Renaissancebau mit Treppenturm kann als kleines Schloß gelten. Das bedeutendste Kulturgut der Gemeinde liegt jedoch nicht im Stadtkern, sondern auf halbem Weg zwischen Hameln und Hessisch Oldendorf im Ortsteil Fischbeck.

Helmburgis, Edelfräulein aus altsächsischem Adelsgeschlecht, wurde einst gemeinsam mit ihrer Dienerin wegen eines angeblichen Mord-

Kloster Fischbeck, Stahlstich des 19. Jahrhunderts

komplotts zu einer Strafe mit ungewissem Ausgang verurteilt: Man setzte die Damen mit gebundenen Händen auf einen Wagen und ließ die Pferde kräftig galoppieren. Wider Erwarten überstanden die Verdächtigten diese Behandlung weitgehend unbeschadet. Zum Dank für ihre Rehabilitation stiftete Helmburgis im Jahre 955 ein Damenkloster. Diese abenteuerliche Gründungsgeschichte dokumentiert ein 1583 geknüpfter Bildteppich im nunmehr über 1000jährigen **Kloster Fischbeck**.

Die erste Klosterkirche blieb nur in Fragmenten erhalten, doch der heutige Bau aus dem 12./13. Jahrhundert gilt als eine der bedeutendsten romanischen Kirchen des Weserberglandes. Fischbeck ist noch immer ein nach Klosterprinzipien geführtes Damenstift, das von einer Äbtissin geleitet wird. Diese Kontinuität verleiht einer Besichtigung besonderen Reiz – man besucht kein Museum, sondern einen Ort mit lebendiger Tradition. Zur Einrichtung zählen kunstvolle Seidenstickereien, ein Triumphkreuz aus dem 13. Jahrhundert und das steinerne Abbild der Stifterin Helmburgis aus der gleichen Epoche.

Gegenwärtig besteht das Stift aus einer Aebtissin, einer Seniorin und zehn Kapitularinnen; neben denen noch an fünf- und zwanzig Fräulein die Anwartschaft haben. Es hat die freie Wahl der Aebtissin, welche nach erfolgter Anzeige und Bitte um Bestätigung unweigerlich vom Lan-

desherrn ertheilt wird. Zur Aufnahme ist eine Ahnenprobe nothwendig. Auch steht es unter dem Schutze des braunschweig-lüneburgischen Hauses. (Franz von Dingelstedt, Das Weserthal, 1838)

- *Information*: Stadt Hessisch Oldendorf, Verkehrsamt, Kirchplatz 4, 31840 Hessisch Oldendorf, Tel. 05152/2573, Fax 1405.

- *Stift Fischbeck*: Tel. 05152/8603. Geöffnet Di bis So 14–16 Uhr, Di und Fr auch 9–11 Uhr, Mo geschlossen. Das Stift ist ausschließlich im Rahmen einer Führung zu besichtigen.

Rinteln

Das Gebiet der ehemaligen Universitätsstadt Rinteln breitet sich beiderseits der Weser aus. Der geschlossene Altstadtkern liegt jedoch am Südufer. Er geht auf eine **planmäßige Stadtgründung** (um 1230) durch den Schaumburger Grafen Adolf IV. zurück. Rinteln sicherte die Schaumburger Landesgrenze und einen Weserübergang, diente also strategischen Zwecken. Der Handel kam dabei nicht zu kurz. Die Stadt füllte ihre Steuerkasse durch einen seit 1391 erhobenen Wegzoll. Lukrativ wirkte sich auch das ein Jahr später durch Graf Otto I. erteilte **Messeprivileg** aus. In dieser Tradition steht noch heute die zweimal jährlich zelebrierte »Rintelner Messe« (jeweils Anfang Mai und Anfang November), ein buntes Volksfest für jung und alt.

Wie für viele andere Weserstädte auch brachte das 16. Jahrhundert für Rinteln eine wirtschaftliche Blütezeit. Turbulent verlief das dritte Jahrzehnt des 17. Jahrhunderts. 1621 erfolgte die Gründung der Rintelner **Universität**. 1623 erstürmten Truppen des Herzogs von Braunschweig die Stadt. 1626 fiel etwa die Hälfte der damaligen Stadtbevölkerung der Pest zum Opfer.

1651 fiel Rinteln an Hessen. Unter hessischer Regie erfolgte der Ausbau zur **Festungsstadt**. Heute erinnern noch Straßennamen wie Ostcontrescarpe oder Südcontrescarpe an die sternförmigen Ringmauern. Von den eigentlichen Mauern blieb nichts übrig, denn die Anlage wurde auf Befehl Napoleons geschleift. Auf dem nordwestlichen Abschnitt der einstigen Festung liegt heute der Erholungspark mit dem schönen Namen **Blumenwall** – ein gelungenes Beispiel sinnvoller Abrüstung. Des Kaisers Bruder Jérome sorgte mit der Schließung der Rintelner Universität für einen weit herberen Verlust. Im neugeschaffenen Königreich gab es bereits die größeren Universitäten Göttingen, Marburg und Halle. Dieser übermächtigen Konkurrenz hielt die Rintelner Hochschule nicht stand.

Von diesen Schlägen hat sich die 27.000-Einwohner-Stadt längst erholt, und glücklicherweise überstand die alte Bausubstanz den Zweiten Weltkrieg nahezu unbeschadet. So können Besucher der Fußgängerzonen rund um die Stadtkirche St. Nikolai das Flair des mittelalterlichen Stadtkerns genießen.

Vor dem Ratskeller in Rinteln

- *Information*: Fremdenverkehrsbüro Rinteln, Klosterstr. 20, 31737 Rinteln, Tel. 05751/403-162, Fax 403-230.

Sehenswürdigkeiten

Altstadt

Der Altstadt-Streifzug sollte am Marktplatz beginnen. Die Marktkirche **St. Nikolai** entstand im 13. Jahrhundert, nur kurze Zeit nach der Stadtgründung. Ein Baudetail aus dieser Zeit ist das Portal im östlichen Joch der Südseite. Der barocke Turmaufbau stammt allerdings aus dem 18. Jahrhundert.

Vielleicht noch älter als die Kirche ist der Baukern des ehemaligen **Rathauses**. Es liegt in unmittelbarer Nachbarschaft zu St. Nikolai an der Südostecke des Marktplatzes. Die größere der beiden etwas ungleichen Gebäudehälften ist die ältere. Ihr heutiges Bild entstand durch Umbauten während des 16./17. Jahrhunderts. Bis 1900 nutzte die Stadtverwaltung das Rathaus. Heute ist es

Rinteln im 17. Jahrhundert, Kupferstich von Caspar Merian

Begegnungsstätte und Domizil eines Restaurants.
Dem Rathaus gegenüber steht an der Ecke Marktplatz/Enge Straße mit dem Gasthaus »Goldener Stern« (erbaut 1516) das vermutlich **älteste Bürgerhaus** Rintelns.
Im von den Straßenzügen Bäkkerstraße/Enge Straße (westlich der Marktkirche) und Ritterstraße/Brennerstraße begrenzten Areal befindet sich das geschlossenste Altbauviertel der Stadt. Das **Archivhäuschen** in der Ritterstraße (unmittelbar vor dem Haus Ritterstr. 30) ist, abgesehen vom Rathaus, der bekannteste Renaissancebau Rintelns. Es wurde im Auftrag der Familie von Münchhausen vermutlich von Cord Tönnies errichtet, diente als Gartenhaus und Aufbewahrungsort wichtiger Dokumente und Akten – daher der Name. Auffällig sind die Proportionen: An die prächtig ausgeführte, straßenseitig gelegene **Utlucht** schließt sich ein relativ bescheidener Hinterbau an. Bauforscher spekulieren, daß ursprünglich ein sehr viel größeres Gebäude geplant war.
Die dritte wichtige Altstadt-Tangente (Klosterstraße/Weserstraße) grenzt an die Marktplatz-Westseite. Die **Klosterstraße** erinnert mit ihrem Namen an das einstige Benediktinerinnenkloster St. Jacobi. Es wurde hier um 1240 gegründet und diente nach der Säkularisation als Sitz der Universität. Einzig die Klosterkirche **St. Jacobi** blieb von dem ehemaligen Gebäudekomplex erhalten. In ihrer Nachbarschaft befindet sich an der Klosterstr. 21 das **Schaumburgische Heimatmuseum Eulenburg**, das unter anderem auch eine Sammlung zur Rintelner Universitätsgeschichte beherbergt. Die Eulenburg diente zunächst als Stadthaus der Priore des Klosters Möllenbeck und danach als Regierungssitz der einstmals hessischen Grafschaft Schaumburg, bis dann das Heimatmuseum einzog.

- *Schaumburgisches Heimatmuseum Eulenburg*: Klosterstr. 21, 31737 Rinteln, Tel. 05751/41197, geöffnet Di bis So 10–12 Uhr, zusätzlich Di bis Fr 15–17 Uhr. November bis Februar Di bis Fr und So 10–12 Uhr. Führungen nach Vereinbarung.

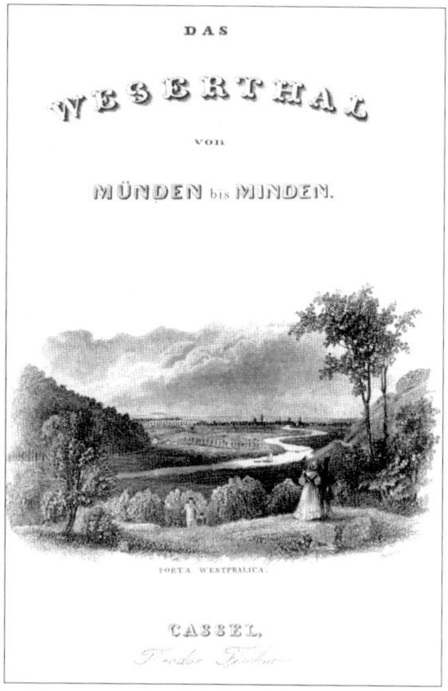

Titelkupfer der Reisebeschreibung Dingelstedts von 1838

Dingelstedt-Denkmal

Franz von Dingelstedt (1814–1881) war zwar kein geborener Rintelner, verlebte jedoch seine Jugend in der Stadt, die er selbst später als seine Heimat bezeichnete. Am Haus **Ritterstraße 18** befindet sich ihm zu Ehren eine Gedenktafel. Franz von Dingelstedt arbeitete als Lehrer, Journalist und Bibliothekar, bevor er als Theaterintendant in München, Weimar und schließlich am Wiener Burgtheater Berühmtheit erlangte. Hierzulande ist er vor allem als Autor des Weserliedes bekannt. Dessen erste Strophe lautet:

»Hier hab' ich so manches liebe Mal
mit meiner Laute gesessen,
hinunterblickend ins weite Tal,
mein selbst und der Welt vergessen.«

Wo genau Dingelstedt aber sinnierend gesessen hat, ist ein ewiger Streitpunkt zwischen den Heimatkundlern aller Oberweserstädte. Rinteln reklamiert den beziehungsreichen Ort vermutlich zu Recht für sich und hat diese Ansicht in Stein gemeißelt: Im Ortsteil **Todenmann** steht das Dingelstedt-Denkmal. Sehenswert ist es vor allem deshalb, weil sich vom hochgelegenen Standort am nördlichen Weserufer Stadt und Fluß weit überblicken lassen. Die Aussicht verleitet in der Tat zum Grübeln. Hauptsache, der Gedankenflug endet nicht so trübe wie das Weserlied: »Fahr' wohl, fahr' wohl, du selige Zeit! / Fahrt wohl, ihr Träume der Liebe.«

Wasserparadies Doktorsee

Knappe zwei Kilometer westlich der Rintelner Altstadt liegt der Doktorsee, ein besonderes **Erholungsgebiet**. Die Fakten sprechen für sich: Geländegröße 1.250.000 m^2, Wasserfläche 600.000 m^2, 800 m Badestrand, 250.000 m^2 Campinggelände, drei Restaurants, sieben Kinderspielplätze. Von Surfen bis Wasserski bietet der Doktorsee für die verschiedensten **Wassersportarten** ein ideales Revier. Surfkurse und eine Schwimmhalle ermöglichen die Erweiterung des eigenen Könnens.

Kloster Möllenbeck

Obwohl der Doktorsee fast unmittelbar an die Weser grenzt, badet man hier nicht im Flußwasser. Nur der separat angelegte **Motoryachthafen** verfügt über einen direkten Zugang zur Weser.

- Doktorsee GmbH, 31737 Rinteln, Tel. 05751/2611, Fax 41956.

Kloster Möllenbeck

Vier Kilometer südwestlich von Rinteln liegt der Ortsteil Möllenbeck mit dem gleichnamigen Kloster. Die Gründung des **Benediktinerstifts** wurde 896 von Kaiser Arnulf bestätigt. Die beiden Rundtürme der Klosterkirche stammen noch aus dem 10. Jahrhundert. Der Rest der Kirche entstand 1479–1505, sie war somit der letzte große Sakralbau vor der Reformation in der Weserbergland-Region. Gleichzeitig ist sie die größte Kirche des schaumburgischen Wesertals. Nach einer Karriere als Stift, hessische Staatsdomäne und Privatbesitz (Napoleon Bonaparte schenkte die Anlage seiner Schwester Pauline) ist das Kloster mittlerweile wieder Kircheneigentum. Im wechselhaften Verlauf der Klostergeschichte ging leider ein Großteil der wertvollen Einrichtungsgegenstände verloren. Die **mittelalterliche Wand- und Deckendekoration** ließ sich glücklicherweise nicht ohne weiteres abtransportieren.

Ähnlich wie im Falle Höxter und Corvey rivalisierte auch Rinteln mit einem um das Kloster gelegenen Ort, nämlich mit Möllenbeck. Urkunden zufolge erreichte dieses historische Möllenbeck sogar Stadtgröße, unterlag jedoch im Konkurrenzkampf mit Rinteln. Bereits im

Mittelalter lag der Ort restlos wüst. Der heutige Rintelner Ortsteil Möllenbeck geht auf eine Dorfgründung im 17. Jahrhundert zurück.

- *Kloster Möllenbeck*: Besichtigung nach Vereinbarung, Tel. 05751/2992.

Schaumburg

Auf halbem Weg zwischen Rinteln und Hessisch Oldendorf liegt die Schaumburg. Obwohl ca. elf Kilometer entfernt gelegen, gehört der Ortsteil Schaumburg zu Rinteln. Seit dem 12. Jahrhundert diente die Schaumburg als **Stammsitz** der Schaumburger Grafen. Ab dem 16. Jahrhundert benutzte der jeweilige Grafschafts-Amtmann die Burg als Dienstgebäude. Nach jahrelangem Verfall des Anwesens gelangte 1907 Fürst Georg Wilhelm zu Schaumburg-Lippe wieder in den Besitz seiner Väter Burg auf dem Nesselberg. Während der nun folgenden Renovierung entstand das malerische Fachwerkhaus neben dem Torbau. Heute bietet die Schaumburg eine gepflegte Restauration und den Ausblick über die Flußlandschaft – bei gutem Wetter reicht die Sicht über Hameln hinaus bis zum Köterberg bei Höxter.

Da, wo nordwestlich von Oldendorf das ***Süntelgebirge*** *sich weiter vom Flusse zurückdrängt, blickt von einem niederen, vorgeschobenen Hügel, dem 654 pariser Fuss hohen Nesselberge, gleichsam die Krone des ganzen schönen Thales, die Schaumburg herab. Jener Hügel ist ein Vorberg des 1151 pariser Fuss hohen* ***Paschenbergs****, der mit seinen klippenreichen Wänden steil emporsteigt und von seinem 5 bis 6 Morgen grossen Gipfel, der ein von freundlichen Anlagen umgebenes Wirthshaus und einen kleinen Thurm trägt, eine der herrlichsten Aussichten in das gesegnete Thalgelände und über die grünen Berge hin darbietet, welche die Höhen des Süntelgebirges gewähren. (...) Mag auch die Schaumburg in ihrem jetzigen Zustande nur noch wenig Alterthümliches besitzen, so ist ihr Bild, aus der Ferne betrachtet, doch ausserordentlich malerisch und an ihre Stätte knüpfen sich so grosse und reiche Erinnerungen, dass nur wenige Burgen ihr darin den Vorrang streitig zu machen vermögen (...).* (Franz von Dingelstedt, Das Weserthal, 1838)

Bückeburg

Bis 1946 besaß die Region Schaumburg-Lippe den Status eines Freistaates. Erst danach wurde das ehemalige Fürstentum Teil des Landes Niedersachsen. Zu fürstlichen Zeiten genoß Bückeburg den Ruhm einer **Haupt- und Residenzstadt.** Die in dieser Ära entstandenen Bauwerke verleihen der 20.000-Einwohner-Stadt die touristischen Glanzpunkte. Leider wirkt das Innenstadtbild hier nicht so historisch geschlossen wie in vielen anderen Orten der Region. Eine autogerechte City und eine malerische Altstadt – am Beispiel von Bückeburg zeigt sich deutlich, daß man nicht beides haben kann. Vielleicht setzen sich auch hier eines Tages ähnliche Verkehrskonzepte durch wie in Hann. Münden, Hameln oder bei den Nachbarn in Stadthagen, denn großräumige Fußgängerzonen lassen den Charme historischer Bausubstanz dort wesentlich besser zur Geltung kommen.

Bückeburg existiert seit dem 14. Jahrhundert, blieb jedoch lange kaum mehr als ein bescheidenes Dorf im Schatten einer schlichten **Wasserburg**, die den Grafen von Schaumburg gehörte. Die Karriere der Stadt begann erst mit der Herrschaft **Ernst III. von Schaumburg** (1569–1622). Daß dieser überhaupt die Regentschaft übernahm, war ein Umstand, den zunächst niemand voraussehen konnte: Er stand nämlich erst an fünfter Position in der Thronfolge, doch 1601 starb der letzte seiner älteren Brüder. Ernst III. machte Bückeburg zur Residenzstadt, ließ den Ort planmäßig ausbauen und die Burg in ein **Renaissanceschloß** verwandeln.

Nach dem Dreißigjährigen Krieg starb die Schaumburger Sippe aus. Die Grafen von der Lippe, künftig zu Schaumburg-Lippe, traten das Erbe an. Vor allem unter **Graf Wilhelm zu Schaumburg-Lippe** (1724 bis 1777) erlebte die Residenz eine weitere Blütezeit. Der weltmännische, in London aufgewachsene Landesherr holte Geistesgrößen wie Johann Gottfried Herder (1744 bis 1803) als Hofprediger und Johann Christoph Friedrich Bach (1731 bis 1795), einen Sohn Johann Sebastians, als Hofkapellmeister nach Bückeburg. Und an der Schwelle des Untergangs verabschiedete sich das Feudalsystem in Bückeburg mit einem ebenso eindrucksvollen wie angemessenen Monument – dem Mausoleum im Bückeburger Schloßpark.

ଔ

Bückeburg*, am Rande des mit herrlichem Buchenhochwald bestandenen Harrls, am Rande der norddeutschen Tiefebene gesund und schön gelegen, freundlich, ruhig und vornehm. Besonders wohltuend wirkt der einheitliche Charakter im Baustil. In verständnisvoller und glücklicher Entwickelung schließen sich auch die neuen Prachtbauten des Palais der Fürstinmutter und des neuen Rathauses den herrlichen Renaissancebauten des Fürsten Ernst an. Dazu die freundlichen Bürgerhäuser der Altstadt, die schönen neuen Villen am Hange des Harrls und die überall sich zeigenden malerischen alten Volkstrachten. So ist die Stadt mit Recht als Wohnsitz bevorzugt von pensionierten Beamten und Offizieren.* (Führer durch das Oberwesergebiet, 1912)

- *Information*: Städtisches Verkehrsbüro Bückeburg, Lange Str. 44, 31675 Bückeburg, Tel. 05722/206-181, Fax 206-210.

Schloß Bückeburg

Sehenswürdigkeiten

Schloß Bückeburg

Über die Bahnhofstraße erreicht man das Haupttor zum Schloßpark. Ein säulengeschmückter Rundbogen unterstreicht eindrucksvoll die Trennung zwischen dem bürgerlichen Teil der Stadt und dem herrschaftlichen Bereich. Ehemalige fürstliche Verwaltungsgebäude säumen den Weg zum Schloßgraben. Die **Skulpturen** auf dem Geländer der Grabenbrücke sind allerdings nur Kopien – die Originalkunstwerke von 1621 (Bildhauer Adriaen de Vries) stehen seit 1925 im Staatlichen Museum Berlin (Museumsinsel).
Den **Schloßgarten** zieren alter Baumbestand und der Wasserlauf

des Schloßgrabens. Eigentlich ist dieser Park eine schöne Kulisse für Spaziergänge. Am Rande stört jedoch auch hier der bereits beklagte »Bückeburger Verkehrskompromiß«: So ist in einem historischen Gemäuer am Rande des Parks ein wenig dekorativer Sonderpostenmarkt untergebracht, daran grenzt ein zweigeschossiges Parkdeck.

Das eigentliche **Schloß** besteht aus mehreren, zu unterschiedlichen Zeiten gebauten Flügeln. Ältestes Bauteil ist der **Mittelturm** der Hauptfront, der – ursprünglich als Wohn- und Wehrturm konzipiert – bereits Teil der mittelalterlichen Wasserburg war. Die kostbare Innenausstattung des Bückeburger Schlosses ist zu besichtigen. In der **Gemäldegalerie** hängen unter anderem Werke von Dürer, Cranach und Tischbein. Hauptattraktionen sind jedoch die Schloßkapelle und der Goldene Saal.

Die **Schloßkapelle** diente bereits im Spätmittelalter als Kapellenraum der Burg. Graf Ernst III. ließ das spätgotische Kreuzrippengewölbe während des Ausbaus 1603–08 täfeln und mit prächtigen Malereien ausschmücken. Markierte Bodenplatten bezeichnen die Stellen, an denen die Herzen verstorbener Schaumburger beigesetzt sind.

Das üppige Schnitzwerk im **Goldenen Saal** stammt aus dem frühen 17. Jahrhundert. Damals hieß der Renommierraum allerdings noch »Weißes Gemach« – Golddekor und Prunktapeten brachte man erst während einer Renovierung in den Jahren 1864 bis 1868 an. Bestimmende Raumelemente sind die bemalte Kassettendecke und die »Götterpforte«, eine reich verzierte Tür. Ihr Name leitet sich ab von den Figuren, die auf der Tür und umlaufend um sie herum dargestellt sind. Das Türblatt-Relief zeigt die Göttin Athene, bewacht von den beiderseits des Durchgangs aufgestellten Skulpturen des Mars und der Flora.

In den Tagen vom 15. bis 17. Januar 1898 hatte Bückeburg die Freude, Kaiser Wilhelm II. als Gast des Fürsten in seinen Mauern zu sehen. Die Hälfte der Einwohnerschaft des ganzen Landes war herbeigeströmt, um Zeuge dieser ***Festlichkeit*** *zu sein. Der Tannenschmuck und die sich von Mast zu Mast schlingenden Tannengewinde mit Tausenden von Fahnen und Fähnchen in den Landesfarben blau-rot-weiss und den Waldeckschen Farben schwarz-rot-gelb täuschte fast über den rauhen Winter hinweg. Abends erglänzten Stadt und Schloss in feenhaftem Lichterglanze. (...) Der Kaiser erlegte am zweiten Jagdtage allein 34 Edelhirsche, worunter sich auch der berühmte Peter, ein mächtiger Hirsch, der vor Jahren zur Auffrischung des Bestandes aus Ungarn eingeführt war, befand; derselbe wog ausgeweidet noch über 400 Pfund. Die übrige Jagdgesellschaft hielt zu »Brands Hof«, Saupark bei Stadthagen, eine Jagd auf Sauen ab.*
(Illustriertes Reise- und Wanderbuch durch die Provinz Hannover, 1898)

Auf der stadtabgewandten Seite des Schloßparks steht das 1911–15 nach Plänen des Berliners Paul Baumgarten errichtete **Mausoleum** der Fürsten zu Schaumburg-Lippe. Angesichts des monumentalen Bauwerks scheint es fast unglaublich, daß sich ein kleines Fürstentum noch im 20. Jahrhundert ein solches Projekt leisten konnte. Die 25 m hohe Kuppel ist mit der umfangreichsten Mosaikarbeit Mitteleuropas verziert: Steinchen in 1400 unterschiedlichen Farbtönen -bedecken eine Fläche von 500 m^2. Mit der an frühchristlichen Bauwerken orientierten Architektur (Theoderich-Mausoleum in Ravenna) wirkt das Mausoleum wie eine Reminiszenz an Zeiten, da Fürsten noch wesentlich absoluter herrschten als Bauherr Graf Adolf anno 1915.

- *Schloß Bückeburg*: Fürstl. Schloßverwaltung, Tel. 05722/5039, geöffnet tägl. 9–12 und 13–18 Uhr, Oktober bis April 13–17 Uhr. Führungen für Gruppen ab 20 Personen.

- *Mausoleum*: geöffnet April bis Oktober tägl. 10–18 Uhr, im Winter nach Vereinbarung.

Stadtkirche

Ernst III., der Bückeburg zur Residenzstadt erhob, veranlaßte auch den Bau der 1611–15 errichteten Stadtkirche. Die Stadtkirche kann als sakrales Gegenstück zur weltlichen Pracht des Schlosses gelten. Tatsächlich ließ Graf Ernst die Inschrift »**E**xemplum **R**eligionis **N**on **ST**ructurae« (Ein Beispiel der Religion, nicht der Baukunst) an der frühbarocken Kirchenfront anbringen. Damit trotz aller Frömmigkeit aber nicht in Vergessenheit geriet, wer den Bau finanziert hatte, ließ der Graf die Anfangsbuchstaben hervorheben. So blieb jedem unmißverständlich, wessen Gnade hier etwas bewegte: »**E-R-N-ST**«. Wertvollstes Stück im Innern der dreischiffigen Hallenkirche ist das bronzene **Taufbecken** (1615) von Adriaen de Vries.

Hubschraubermuseum

Das erste und einzige Hubschraubermuseum der Welt steht am Bückeburger Sabléplatz und ist ein für die ganze Familie empfehlenswertes Ausflugsziel. 40 Original-Helikopter und zahlreiche Modelle zeigen die Entwicklung der quirligen Senkrechtstarter vom ersten flugfähigen Exemplar bis zum modernen Gerät. Von der Hubschrauber-Technik zeigte sich bereits Leonardo da Vinci (1452–1519) fasziniert. Seine Entwürfe zu diesem Thema sind ebenfalls ausgestellt. Die funktionsfähigen Hubschrauber nebenan beweisen es – Meister Leonardos Ideen waren seiner Zeit weit voraus.

- Hubschraubermuseum, Sabléplatz 6, Tel. 05722/5533, geöffnet täglich 9–17 Uhr.

Besucherbergwerk Kleinenbremen

Kleinenbremen liegt ca. drei Kilometer südlich des Bückeburger Ortskerns. Kleinenbremens Attraktion ist absolut unterirdisch – in des Wortes tiefster Bedeutung. Das

1988 eröffnete Besucherbergwerk entwickelte sich schon nach kurzer Zeit zum Publikumsmagnet.
Die Einfahrt in die stillgelegte Eisenerzgrube **Wohlverwahrt** erfolgt per Triebwagen. Sachkundig geführt erleben die Besucher die Gebirgswelt unter Tage und die Arbeitsbedingungen der Bergleute von einst. Mit den originalen Gerätschaften werden Arbeitsvorgänge demonstriert.
Da in der Grube eine konstante Temperatur von 10 °C herrscht – an heißen Sommertagen eine zusätzliche Verlockung! –, sollte man entsprechende Kleidung mitnehmen. Schutzkittel und Helme erhält man vor der Einfahrt in das Besucherbergwerk.

- *Besucherbergwerk Kleinenbremen*: Karlstr. 48, 32423 Minden, Tel. 0571/3994-38 u. -42, Fax 3994-44. Geöffnet 1. April bis 30. Oktober Sa, So und feiertags 10–16 Uhr, Di und Fr nur für angemeldete Gruppen 10–16 Uhr. Während der Sommerferien gibt es zusätzliche Öffnungstage!

Stadthagen

Graf Ernst III. von Schaumburg machte Bückeburg zwar zu seiner Residenzstadt, aber begraben sein wollte er dort offenbar nicht – sein **Mausoleum** steht in Stadthagen. Hier hatten seine Ahnen bereits residiert, als Bückeburg noch als unbedeutender Flecken galt.
Der Bereich um den Stadthagener Marktplatz war bereits im 12. Jahrhundert besiedelt. Im 13./14. Jahrhundert war Stadthagen schon eine respektable Stadt mit Bürgermeister und Ratsherren. Vom Schloß aus beherrschten die Schaumburger Grafen ihr Land.
Noch heute ist Stadthagen **Verwaltungssitz** des Landkreises Schaumburg. Ein Bummel durch die Einkaufs- und Fußgängerstraßen rund um den Marktplatz ist unterhaltsam. Vor allem am Markt sowie in der Obern- und Niedernstraße befinden sich noch viele prächtige Fachwerkbauten aus dem 16./17. Jahrhundert.

- *Information*: Stadtverwaltung Stadthagen, Rathauspassage 1, 31655 Stadthagen, Tel. 05721/7820 u. 782178.

Sehenswürdigkeiten

Marktplatz und Stadtkirche St. Martini

Der autofreie Marktplatz bietet mit plätscherndem Brunnen und Open-Air-Restauration eine beschauliche Ruhezone. Der Platz ist Stadthagens Keimzelle. Das bestätigte 1985 eine **archäologische Untersuchung** des Steinhauses am Marktplatz Nr. 4. Dessen straßenseitige Fassade entstand zwar »erst« 1586, die Seitenwände stammen jedoch aus dem 13. Jahrhundert. Man stellte sogar Reste eines Vorgängerbaus aus dem 12. Jahrhundert fest.
Auch das gegenüberliegende **Haus Nr. 21** ist aufgrund seines Entstehungsjahres eine Rarität. Das mit reichem Beschlagwerk verzierte

Der Marktplatz in Stadthagen

Fachwerkhaus wurde 1647–49 gebaut – so kurz nach dem Ende des 30jährigen Krieges ein äußerst seltenes Unterfangen im Weserbergland. An der Ecke Marktplatz/Niedernstraße steht das **Rathaus**. Es wurde Mitte des 16. Jahrhunderts als Zeughaus der Stadt errichtet und später mehrfach umgebaut.

Unterschiedliche Bauperioden prägten auch das Bild der **Stadtkirche St. Martini** östlich des Marktplatzes. Im wesentlichen entstand sie während des 13./14. Jahrhunderts und enthält als wertvollstes Interieur einen flandrischen **Schnitzaltar** (15. Jahrhundert) mit Renaissanceaufsatz. An der Kirchenostwand führt ein Durchbruch in das **Mausoleum** des zum Fürsten erhobenen Grafen Ernst III. von Schaumburg (1569 bis 1622). 1608 bat Graf Ernst den sächsischen Baumeister Nosseni um einen Entwurf für ein angemessenes fürstliches Grabmal. Nosseni plante ein Mausoleum in Form eines Oktogons, überwarf sich später jedoch mit dem Grafen wegen der Honorarfrage. Graf Ernst, bekannt als kühler Rechner, sparte eine Ecke und ließ an St. Martini eine **siebeneckige Grabkapelle** anfügen. Drei Jahre nach des Grafen Tod war das Mausoleum fertig. Das eigentliche Grabmal, geschaffen 1618–20 von Adriaen de Vries, konnte Ernst aber noch persönlich begutachten. Da er – siehe Fassadenspruch an der Bückeburger Stadtkirche – nicht frei von Eitelkeit war, dürfte ihn das Ergebnis befriedigt haben. Vier von Wächtern (drei scheinen zu schlafen, der gegenüber des Haupteingangs postierte Wächter erwacht soeben) umgebene Löwenstatuen tragen den **Sarkophag**. Darüber erhebt sich ein segnender Christus mit Siegesfahne. Es ist eigentlich eine künstlerische Darstellung des Grabmales Christi – ein Vergleich, den Graf Ernst für seine Person offenbar nicht unangemessen fand.

- *Mausoleum*: in der Stadtkirche St. Martini, Am Kirchhof (Marktplatz Ostseite). Geöffnet nach Vereinbarung, Tel. 05721/76001.

Museum Amtspforte und Stadthagener Schloß

Die Amtspforte ist das bekannteste Weserrenaissancehaus in Stadthagen. Als gräfliche Verwaltungszentrale beherbergte das um 1553 erstellte Gebäude das »Amt« für die umliegenden Dörfer. Heute ist es Domizil des **Heimatmuseums**. Neben Exponaten zur lokalen Geschichte sind hier eine komplette Goldschmiede und eine Geigenbauwerkstatt zu besichtigen.

Hinter der Amtspforte und vor dem alten Stadtwall liegt das **Stadthagener Schloß**, ab 1534 hervorgegangen aus einer mittelalterlichen Burg. Eigentlich ist das Schloß ein hochrangiges Kulturgut: Drei der vier Gebäudeflügel plante **Jörg Unkair** (ca. 1500–1553), der als Begründer des Weserrenaissance-Stils gilt. Leider verfremdeten unsensible Renovierungen den Charakter dieses Baudenkmales. Wochentags läßt sich das Schloß auch von innen betrachten. Man muß sich allerdings ins Finanzamt trauen – das nämlich ist hier Hausherr.

- *Museum Amtspforte*: Obernstr. 32 a, Tel. 05721/782-187, geöffnet Di bis Fr 10–12 Uhr und 15–18 Uhr, Sa/So 15–18 Uhr. Führungen nach Vereinbarung.

Dinosaurierpark Münchehagen

Ca. 15 km nördlich von Stadthagen beginnt die Steinzeit. 1980 übte die Freiwillige Feuerwehr Münchehagen in einem Steinbruch den Ernstfall. Das reichlich fließende Löschwasser spülte die Steinbruchsohle und damit über 250 versteinerte Dinosaurier-Fußabdrücke frei – entstanden vor ca. 130 Millionen Jahren, als sich in diesem Gebiet das Mündungsdelta eines Flusses in einen großen, ganz Nordniedersachsen bedeckenden Binnensee ergoß. Inzwischen stehen die prähistorischen Fußstapfen unter Naturschutz. Eine riesige Hallenkonstruktion überdacht die seltenen Trittsiegel. Rundherum entstand in einem **Freigelände** der Dinosaurierpark Münchehagen, nicht nur für Kinder eine erstklassige Attraktion. Entlang ei-

Im Dinosaurierpark

nes 2,5 km langen Lehrpfades erleben Besucher die Dinosaurier-Evolution vom Urfisch bis zur Riesenechse. Als besonderer Clou wurden **ca. 100 Dinosaurier** in originaler Lebensgröße modelliert und am Wegrand in der Vegetation plaziert. Ein grandioser Effekt: Angesichts der zwischen den Bäumen aufragenden Ungetüme freut man sich ganz besonders über die Gnade der späten Geburt. Effektiven Grusel bereitet auch ein zwischen den Bäumen befestigter Flugsaurier, der sich äußerst lebensecht im Luftzug bewegt. Der Dinosaurierpark ist jedoch weit mehr als eine Geisterbahn. Ausführliche Schautafeln, Bildmaterial, thematische Ausstellungen und Lehrfilme sorgen für umfassendes Verständnis der Materie.

- *Dinosaurierpark Münchehagen*: Alte Zollstr., 31547 Rehburg-Loccum (OT Münchehagen), Tel. 05037/2073, Fax 5739, geöffnet vom 15. Januar bis 15. Dezember tägl. ab 9 Uhr.

Vlotho

Die letzte Wesertalenge vor der Porta Westfalica liegt auf der Höhe des Städtchens Vlotho. »Vlothoer Gosse« nannten früher die Flößer diesen wegen seiner Strömung gefährlichen Flußabschnitt. Nach wechselvoller Geschichte – sämtliche umliegenden Adelsgeschlechter jagdten sich gegenseitig die Herrschaft über den bescheidenen Flecken ab – ist das einstige Fischer- und Bauerndorf heute ein beschaulicher **Heil- und Luftkurort**.
Fachwerkhäuser aus dem 16./17. Jahrhundert bestimmen das Bild der weitgehend autofreien Innenstadt. Reizvoll ist auch die Umgebung: Südlich liegen das **Naturschutzgebiet Linnenbeeke** mit über 1000 eiszeitlichen Findlingen und der **Bonstapel**, mit 342 m die höchste Erhebung der Stadt.

Die Wanderungen über den ***Bonstapel*** *empfehlen sich besonders für Frühling und Herbst, weil man dann die klarsten Fernsichten hat und auf den zum großen Teil schattenlosen Wegen nicht unter der Hitze leidet. (...) Der Berg gewährt infolge seiner günstigen Lage inmitten des*

Das romantisch gelegene Burgrestaurant in Vlotho

ganz spitzen Winkels, als dessen Schenkel Weserkette–Wiehengebirge und Teutoburger Wald–Osning nach Südwesten ziehen, einen vorzüglichen Überblick über diese Gebirgsketten. (Führer durch das Oberwesergebiet, 1912)

Am NSG Linnenbeeke liegen auch die **Moorbäder** Seebruch und Senkelteich, die den Ruf Vlothos als Heilbad begründeten. Die hier in Moortrichtern sprudelnden **Mineralquellen** enthalten 8000 Jahre alte, pflanzliche Moorsubstanzen. 1753 entdeckte man die heilkräftigen Quellen. Angeblich wurde eine Frau beim Futterschneiden allein durch die würzige Luft in der Nähe der Quellen von ihrer Gicht geheilt. Flugs entstand ein rustikaler Bäderbetrieb, was Vlotho das Prädikat »Bauernbad« eintrug – mondän ist dieser Kurort nie gewesen.
Eine besondere Sehenswürdigkeit ist die Burgruine auf dem 140 m hohen **Amtshausberg**. Auf dieser strategisch bedeutenden Höhe unmittelbar neben der Weserschleife befand sich vermutlich bereits vor 2000 Jahren eine altgermanische Burg, von der sich aber nur noch einige Wallreste erahnen lassen. Im 13. Jahrhundert entstand schließlich die Trutzburg, deren Ruine frei zugänglich ist. Wo einst die Grafen von Ravensberg residierten, liegen jetzt offene Felswände, einige finstere Gänge und Keller und ein (vergittertes!) 83 m tiefes Brunnenloch. Unmittelbar neben der Burg befindet sich ein Restaurant mit Garten und Kinderspielplatz. Eine Aussichtsterrasse bietet Panoramasicht über Vlotho und die Weserschleife.

Besonders anmutig ist der Blick auf ***Vlotho*** *mit seinen alten Giebelhäusern und gartenumgebenen Villen und auf das Tal des Forellenbaches mit seinen zahlreichen Häusern und Höfen. Durch den den Weserbergen vorgelagerten Buhn wird die Weser vor ihrem Durchbruch in der Porta zu einem starken Bogen nach Südwesten gezwungen. Der Südostabhang des Buhns bildet zusammen mit dem Kalldorfer Holz die sog. Kleine oder Lippische Porta (600 m breit). Links am Buhn hin sieht man die Porta Westfalica mit dem Kaiserdenkmal auf dem Wittekindsberge und dem Bismarckturm auf dem Jakobsberge, rechts vom Buhn die Weserkette bis zur Schaumburg und Paschenburg.* (Führer durch das Oberwesergebiet, 1912)

- *Informationen:* Tourist-Information Vlotho, Lange Str. 60, 32602 Vlotho, Tel. 05733/7900-0, Fax 7900-62.

Bad Oeynhausen

Durch Zufall, so berichtet die Geschichte, entdeckten die Schweine des Colon Sültemeier salzhaltige Quellen am Weserbogen zwischen Vlotho und der Porta Westfalica. An diese Begebenheit erinnert der **Sültemeier-Brunnen** in der Bad Oeynhausener Klosterstraße. Zur Freude aller Kinder scheinen hier die modellierten Borstenviecher direkt aus dem springenden Quell zu saufen.
Bis zur Einrichtung einer **Saline** um 1751 lagen auf dem heutigen Stadtgebiet nur einige Bauernhöfe. 1839 brach erneut ein Zufall der weiteren Entwicklung Bahn: Karl Freiherr von Oeynhausen ließ ein Salzsteinlager aufbohren. Dabei stießen seine Leute auf **Heilquellen**, die den Ruf des Kurbades begründeten. Preußens Regierung witterte gute Geschäfte, erwarb das Areal und errichtete 1845 das erste Badehaus vor Ort. Für den nach seinem Entdecker Oeynhausen benannten Kurort war in der Folgezeit das Beste gerade gut genug. Bereits vor dem Ersten Weltkrieg besuchten ca. 16.000 Gäste alljährlich die Bad Oeynhausener Badesaison. 1926 wurde der **Jordansprudel** erbohrt und zum Wahrzeichen der Stadt. Die Fontäne des aus über 700 m Tiefe hervorbrechenden, 35,1 °C warmen Jordansprudels steigt über 50 m hoch in die Luft – heute allerdings nur noch einmal jährlich während des **Lichterfestes** im Kurpark (Ende August).

Zu Bädern werden 2 gewöhnliche Soolquellen benutzt, die zugleich auf der nahe gelegenen königlichen Saline Neusalzwerk zur Salzfabrikation dienen (Gradirwerke), und 8 Thermalsoolquellen im Kurgarten. Während der Badesaison werden Bäder jeder Art: Kohlensaure Thermalbäder, Soolbäder, kohlensaure Gasbäder, Dunst- und Wellenbäder verabfolgt. Die Badehäuser sind Morgens von 6–1 Uhr, das Soolbad und das zweite Badehaus auch des Nachmittags geöffnet. Thermalbäder in der natürlichen Wärme von

26–32,5°C., aber auch künstlich erwärmte; Soolbäder in jeder beliebigen Temperatur, vom schwächsten bis zum stärksten Soolgehalt ohne fremde Zusätze. Ein Thermal- oder Sool-Bad kostet im Abonnement 1.60, ein Dunstbad 0.75; ein starkes Wellenbad 0.50M. Für Kinder und Unbemittelte billigere Preise. Im Kurgarten sind auch sämmtliche natürliche und künstliche Mineralwasser, sowie Molken zu haben; auch Elektrizität und Massiren. Das Bad pflegt namentlich gegen Lähmungen, Nerven-, Herz- und Rükkenmarkskrankheiten, Rheumatismus und Gicht, Skropheln und Blutarmuth benutzt zu werden.
(Wegweiser durch das Wesergebiet von Münden bis Minden, 1889)

Nach dem Zweiten Weltkrieg diente Bad Oeynhausen bis 1955 als Hauptquartier der britischen Rheinarmee. Erst danach konnte man den Kurbetrieb wieder eröffnen. Heute ist der **Kurbetrieb** Bad Oeynhausens Lebenszweck: Annähernd die Hälfte aller hier Erwerbstätigen arbeiten in dem Tourismus mehr oder weniger verbundenen Berufen.

- *Information*: Verkehrsverein Bad Oeynhausen, Ostkorso 12, 32545 Bad Oeynhausen, Tel. 05731/20430, Fax 20811.
- *Städtisches Verkehrsamt*, Bahnhofstr. 45, 32545 Bad Oeynhausen, Tel. 05731/245183.

Rechte Seite: Das Badehaus I

Sehenswürdigkeiten

Kurpark

Nach Errichtung der ersten Badehäuser sorgte die preußische Regierung dafür, daß der neue Kurort neben medizinischer Betreuung auch optisch etwas zu bieten hatte. Die Anlage des Kurparks besorgte der berühmte preußische Gartenbauarchitekt **Peter Joseph Lenné** (1789 bis 1866) höchstpersönlich. Das **Badehaus I** am Eingang Herforder Straße schuf der Schinkel-Schüler C.F. Busse nach dem Vorbild des römischen Pantheon. Dahinter liegt der Rokokobau des **Theaters** im Park, oft Gastspielort renommierter Ensembles. Zu den prachtvollen Kurparkbauten aus dem 19. Jahrhundert zählen auch das **Badehaus II** (Westkorso) und das **Kurhaus mit dem Spielcasino** (Kurparkeingang zur Morsbachallee). Lohnenswert ist ein Spaziergang durch die umliegenden Straßen. Die größtenteils prächtigen Villen rund um den Kurpark bieten ein architektonisches Stilspektrum vom Spätklassizismus über reinsten Jugendstil bis zum Neoklassizismus.

Im Kurpark dreimal täglich Konzerte der Kurkapelle, Symphonie- und Künstlerkonzerte, Kurtheater, vier- bis fünfmal wöchentlich, Tanzunterhaltungen; Leuchtfontänen und Feuerwerk, Spielplätze für Erwachsene und Kinder, Gelegenheit zum Angeln und Rudern auf der Werre. (Führer durch das Oberwesergebiet, 1912)

Motortechnica-Museum

Die auch etwas langatmig als Auto-Motor-Freizeit-Museum bezeichnete Ausstellung ist Deutschlands größtes Auto- und Motorradmuseum. Zu sehen sind ca. 400 Oldtimer, 300 Land-Schienen- und Luftfahrzeuge sowie Kraft-, Dampf- und Werkzeugmaschinen. Die teilweise ausgesprochen kuriosen Gefährte begeistern auch technisch weniger versierte Besucher.

- *Motortechnica-Museum*, Weserstr. 225, 32547 Bad Oeynhausen, Tel. 05731/9960, Fax 92412, geöffnet täglich 9–18 Uhr (auch an Sonn- und Feiertagen).

Deutsches Märchen- und Wesersagenmuseum

Dornröschen auf der Sababurg, der Reinhardswald als Märchenkulisse, das Weserbergland als wichtige Etappe der »Deutschen Märchenstraße« – ein Märchenmuseum ist da eigentlich zwangsläufig. Es steht in Bad Oeynhausen und informiert unter anderem über Jakob und Wilhelm **Grimm** und ihre »Märchenmuse« Dorothea Viehmann. Hier werden aber auch **Märchenlesungen** veranstaltet, deren Besuch nicht nur für Kinder interessant ist. Im selben Haus befindet sich die städtische **Gemäldegalerie**, die wechselnde Ausstellungen präsentiert.

- *Deutsches Märchen- und Wesersagenmuseum*: Am Kurpark 3, 32545 Bad Oeynhausen, Tel. 05731/22428, geöffnet Di bis So 10–12 und 15–17.30 Uhr, im Januar geschlossen.

Porta Westfalica

Von ihrem Entstehen an bis hier, war die Weser an beiden Seiten von Gebirgszügen begleitet. Bald mußte sie, von jähen Bergeshängen und Felsblöcken bedroht, durch enge Schluchten ihren Weg suchen, bald hatte sie im weiten fruchtbaren Thalgelände Raum für ihre zögernden Windungen. Aber wenn auch zurückgetreten, dem gesegneten Thale Raum gebend, so blickten doch immer die wellenförmigen Gebirgszüge von beiden Seiten des Horizontes liebend und schützend herab. Von ***dieser*** *Stelle an wird das ganz anders! Noch einmal haben die treuen Begleiter sich näher gedrängt, noch einmal erheben sich der Berge zwei gewaltig empor, fast hart an den Ufern. Da stehn sie einander gegenüber, und grüßen ein gemeinschaftliches Lebewohl auf den geliebten Strom herab. Es ist das letzte Bild was er von ihnen aufnahm; dann flieht er hinein in die unabsehbare Ebene, und keine Bergeshöhe spiegelt sich wieder in seiner Fläche, von hier herab bis in den Schooß der Nordsee.* (August Engel, Weserbuch, 1845)

ଓଃଡ

Dramaturgisch geschickt endet eine Fahrt flußabwärts durch das Weserbergland mit einem landschaftlichen Höhepunkt: An der Porta Westfalica zwängt sich der Strom zwischen dem Wiehengebirge (im We-

sten) und dem Wesergebirge (im Osten) hindurch und erreicht die Norddeutsche Tiefebene. Als Landmarke ist die **Westfälische Pforte** uralt. Vermutlich verläuft die Weser bereits seit der Saale-Eiszeit (vor ca. 240.000–120.000 Jahren) durch diesen breitesten Durchlaß in der insgesamt fast 100 km langen Kette des **Wiehen- und Wesergebirges.**
Seit frühester Zeit existierte am Westufer ein Handels- und Heerweg. Das Ostufer stößt an den Steilhang des Jakobsbergs. Erst Sprengungen und moderne Bautechnik ermöglichten im 19. Jahrhundert den Straßen- und Eisenbahnlinienbau auch auf dieser Weserseite.
Zwei Bauwerke auf zwei Bergen bilden die »Türpfosten« der Porta Westfalica. Auf dem **Jakobsberg** (Wesergebirge) steht ein Fernsehturm mit Aussichtsgalerie. Die Westseite ziert der **Wittekindsberg** mit dem berühmten **Kaiser-Wilhelm-Denkmal**, aufgestellt in der Höhe von 203 m. Die seinerzeit preußische Provinz Westfalen ehrte mit dem 1896 fertiggestellten Monument Kaiser Wilhelm I. (1797–1888). Der beauftragte Architekt Bruno Schmidt, Planer des Leipziger Völkerschlachtdenkmals sowie des Kyffhäuser-Denkmals, entwarf eine Anlage im Stil der Zeit. Prof. Caspar Ritter von Zumbusch lieferte die adäquate, sieben Meter hohe Bronzestatue. 88 m hoch ist das gesamte Denkmal mit der wuchtigen Treppe und dem Kuppelsaal aus Portasandstein. Die Gesamtkosten beliefen sich auf 830.000 Goldmark. Die Summe allein rechtfertigte bereits eine Ein-

Das Kaiser-Wilhelm-Denkmal

weihung mit Pauken und Trompeten. 1300 Posaunenbläser sorgten für passenden Donnerhall, als Kaiser Wilhelm II. (1859–1941) höchstpersönlich der Enthüllung beiwohnte. Auf den Stufen des Kaiser-Wilhelm-Denkmals ist noch immer der beste Punkt für einen Blick über die Porta Westfalica: Dann hat man nämlich den hurrapatriotischen Klotz im Rükken und kann ungestört die Aussicht genießen.
Vom Denkmal aus führt ein Wanderweg über den Kamm des Wittekindbergs zu den Resten der **Wittekindsburg** (ca. 2,5 km). Die Geschichte der Burg ist weitgehend unbekannt, erkennbar sind noch einige Wallreste. In der Nähe befindet sich eine Startrampe für Drachenflieger,

die in den thermischen Bedingungen an der Porta Westfalica ein hervorragendes Revier für ihren Sport gefunden haben.
Seit 1973 ist Porta Westfalica nicht nur eine Landschaftsmarke, sondern auch eine Stadt mit ca. 35.000 Einwohnern. Eine Kommunalreform fügte verschiedene umliegende Gemeinden zur Stadt zusammen.

- *Informationen:* Haus des Gastes, Kempstr. 4 a, 32457 Porta Westfalica, Tel. 0571/791-280, Fax 791-279.

Minden

Eigentlich ist die Reise durch das Weserbergland an der Porta Westfalica beendet. Hier beginnt der Bereich **Mittelweser**, an den ab Bremen die Unterweser anschließt. Ein Ausflug nach Minden kann die Weserbergland-Tour jedoch ergänzen. Nach Bremen und Bremerhaven ist Minden mit ca. 80.000 Einwohnern die drittgrößte Stadt an der Weser. Seit ihrem Bestehen gilt sie als Bindeglied zwischen den Regionen der Ober- und Unterweser. Zentren des Wirtschaftsplatzes Minden sind die **Hafenanlagen** an der Weser und am **Mittellandkanal**. Der Hafen Minden trägt zu Recht das Prädikat »südlichster Seehafen an der Weser«, denn Küstenmotorschiffe besorgen von hier aus den direkten Verkehr mit Skandinavien und Großbritannien.

Vorhergehende Seiten: Porta Westfalica, Blick auf den Wittekindsberg

Minden ist, wenn nicht gerade schön, doch eine sehr freundliche Stadt, und was es gerade um so anziehender macht, ist der Charakter des Alterthümlichen, welcher allenthalben, wie in seiner ganzen Anlage, so auch im Einzelnen und hier namentlich in der reichen Architektur seiner Gebäude, sich ausgeprägt zeigt. Selbst Privathäuser findet man, welche von der Sohle bis hinauf in den hohen Giebel mit der mannichfaltigsten Steinbildnerei geschmückt sind und uns einen hohen Begriff von der Wohlhabenheit ihrer Erbauer geben.
(Franz von Dingelstedt, Das Weserthal, 1838)

Die erste Ansiedlung auf Mindener Gebiet entstand an einer Weserfurt. Zur Sicherung des eroberten Sachsenlandes gründete **Karl der Große** (747–814) um das Jahr 800 das **Bistum Minden**. Rund um die Domburg entstand eine Kaufmannssiedlung, in deren Nähe das ursprüngliche Fischerdorf an der **Weserfurt** lag. Die Stadt wurde Mitglied des Rheinisch-Westfälischen Städtebundes und der Hanse. 1759 wurden die mittelalterlichen Stadtmauern geschleift, doch 1816 baute die preußische Regierung Minden erneut zur **Festung** aus. Heinrich Heine befand in seinem Zyklus »Deutschland – ein Wintermärchen«: *Minden ist eine feste Burg, hat gute Wehr und Waffen! Mit preußischen Festungen hab ich jedoch nicht gerne was zu schaffen.* 1873 hatte die Festung bereits wieder ausgedient. Im Stadtplan Min-

Die Weserbrücke zu Minden, Stahlstich des 19. Jahrhunderts

dens erinnern Straßennamen wie Königs- oder Fischerglacis an die einstigen Schußfelder vor den Wällen. Im Zweiten Weltkrieg hätte eine Stadtmauer ohnehin nicht die beträchtliche Zerstörung Mindens verhindern können. Erst allmählich gelang es durch vorbildliche Sanierungsmaßnahmen, die Schäden im Stadtbild zu tilgen. Heute ist Minden industrieller und kultureller Mittelpunkt der Region, ein kurzweiliges Ausflugsziel für Besucher.

- *Informationen*: Tourist-Information, Großer Domhof 3, 32423 Minden, Tel. 0571/89385 und 89400, Fax 89401.

Stadtrundgang

Eiszeitliche Gletscher modellierten am Weserufer unterschiedlich hohe Terrassen. So gliedert sich Minden in eine **Ober- und Unterstadt**. Rathaus, Markt und Dom bilden in der Unterstadt das Zentrum der frühen Stadtentwicklung.

Das berühmteste Bauwerk Mindens steht in der Nachbarschaft des Verkehrsamtes am Großen Domhof. Der Mindener **Dom** St. Peter gilt als landesweit reifste Kirchenbauleistung des 13. Jahrhunderts. Dem gotischen Langhaus dienten französische Kathedralen zum Vorbild. Während dieser Phase gestaltete man auch das karolingische Westwerk um, dessen älteste Bauteile (Untergeschoß) noch aus dem 11. Jahrhundert stammen. Bis zum Zweiten Weltkrieg blieb der Dom nahezu unverändert. Nach schweren Bombenschäden wurde er aufwendig restauriert. Der prächtige Mindener **Domschatz** ist in der Domschatzkammer (im Haus am Dom) zu besichtigen.

- *Domschatzkammer*: Haus am Dom, Kleiner Domhof, 32423 Minden, geöffnet Di/Do/Sa/So 10–12 Uhr, Mi/Fr 15–17 Uhr.

Über die Vinckestraße erreicht man das Weserufer. Der **Grimpenwall** begrenzt die nordöstliche Altstadt. An der hier abzweigenden Weserstraße verläuft ein Rest der alten Stadtmauer. Westlich der Weserstraße erstreckt sich die **Fischerstadt**. »Flint« nennen die Mindener das malerische Viertel, in dem geduckte Fachwerkhäuschen Gemütlichkeit verbreiten und Restaurants zum Verweilen einladen. Hier befand sich noch vor der Stadtgründung das alte sächsische Fischerdorf. Es lag bis ins 14. Jahrhundert hinein außerhalb der Mindener Stadtmauern. Selbst nachdem die Stadt das Fischerdorf »geschluckt« hatte, blieb das Viertel etwas Besonderes. Bis ins 18. Jahrhundert hinein behielten die Fischerstädter ihr eigenes Rathaus, eine eigene Kirche und die eigene Schule.

Der Rückweg in die Altstadt führt wahlweise über die Hermann- oder Oberstraße. Beide stoßen auf den Grimpenwall, nach dessen Überquerung man auf dem Marienwall direkt auf Mindens Wahrzeichen zuläuft – den Turm der **Marienkirche**. Über eine Treppe gelangt man zum Marienkirchplatz und gleichzeitig in die Oberstadt. Die Marienkirche, erbaut im 12. Jahrhundert, war ursprünglich die Klosterkirche eines hier ansässigen Benediktinerinnenklosters. Im Altstadtviertel zwischen der Marienkirche und der südlich davon gelegenen **Martinikirche** (ebenfalls im 12. Jahrhundert gebaut) stehen einige sehenswerte Häuser. Das älteste Gebäude ist die »Alte Münze« am Anfang der von der Kampstraße abzweigenden Brüderstraße mit romanischem Baukern, Staffelgiebeln aus dem 13. Jahrhundert, Renaissanceerkern und einem spätbarocken Portal – ein wahrhaft buntes Stilgemisch.

Originell ist auch das kleinste Haus Mindens an der spitzen Ecke des **Windlochs** (Südseite Martinikirchhof), einst als Wohnhaus des Stadtmusikanten erbaut. Schlechtwetterprogramm bietet die Museumszeile Ritterstr. 23–33. In den restaurierten Giebelhäusern residiert das **Mindener Museum für Geschichte, Landes- und Volkskunde**. Eine unvermutete Besonderheit ist hier Deutschlands einzige ständige Ausstellung zum Thema **Kaffee**. Zu diesem nach Erdöl zweitwichtigsten Welthandelsprodukt hat Minden eine spezielle Beziehung – die Stadt ist

Museumszeile Ritterstraße

Das Mindener Wasserstraßenkreuz

Standort der einschlägigen Unternehmensgruppe »Melitta«. Wer angesichts der Ausstellung auf den Geschmack gekommen ist, muß nicht lange darben. Das Museumscafé schafft rasch Abhilfe.

Die Ritterstraße führt zu den südlichen Kirchen der Altstadt, **St. Simeon** und die benachbarte **St. Mauritius**. Durch die Fußgängerzone am Obermarkt kann man zum Marktplatz zurückkehren. Prunkstück ist hier der aus dem 13. Jahrhundert stammende **Laubengang** des Rathauses (Ecke Scharn/Kleiner Domhof). Am Dom ist der Stadtrundgang beendet. Doch in den Fußgängerzonen rund um Scharn und Bäckerstraße lassen sich noch viele Stunden verbummeln.

- *Mindener Museum für Geschichte, Landes- und Volkskunde*: Ritterstr. 23–33, 32423 Minden, Tel. 0571/89331, geöffnet Di/Mi/Do/Fr 10–13 und 14.30–17 Uhr (Do bis 18.30 Uhr), Sa 14.30–17 Uhr, So 11–18 Uhr.

Mindener Wasserstraßenkreuz

Autobahnkreuze sind ein vertrauter Anblick. Brücken über einem Fluß sind ebenfalls nicht außergewöhnlich. Wenn aber ein Schiff auf einer Brücke den Fluß überquert und im gleichen Moment ein anderes Schiff auf dem Fluß unter der Brücke mit dem ersterwähnten Schiff hindurchfährt, ist die Verwirrung komplett und etwas Besonderes im Gange.

Als 1906–16 der **Mittellandkanal** entstand, planten die Konstrukteure, die neue Wasserstraße zwischen

Hannover und Münster auf einer konstanten Höhe von 50,30 m zu bauen. So war auf der gesamten Strecke von 211 km keine einzige Schleuse notwendig. Nötig war allerdings die **Weserüberbrückung** – eine technische Meisterleistung und in der Gesamtanlage, zusammen mit der **Schachtschleuse**, die vielleicht bedeutendste Sehenswürdigkeit in Minden.

Das hier drei Kilometer breite Wesertal überwindet der Mittellandkanal auf einem Damm. Unmittelbar über der Weser ermöglicht die 370 m lange Brücke die Schiffspassage. Neben dem Kanal verlaufen beiderseits Fußwege. Auf das Erlebnis, entlang des Wasserwegs mit Bürgersteig über die Weser zu spazieren, sollte kein Besucher Mindens verzichten. Im **Informationszentrum** an der Schachtschleuse kann man alle technischen Details des Wunderwerks nachlesen. Eindrucksvoller als blanke Theorie ist jedoch eine Kreuzfahrt, die am Anleger Schachtschleuse beginnt und in etwa 90 Minuten vom Mittellandkanal durch die Schleuse (Höhenunterschied 13 m) in die Weser und zurück führt. Dann fährt man mit demselben Schiff auf der Brücke über den Fluß, mit dem man auf dem Fluß unter der Brücke mit dem Kanal hindurchfährt – oder so ähnlich.

- *Informationszentrum Schachtschleuse*: geöffnet 1. April bis 31. Oktober täglich 9–17 Uhr, So bis 18 Uhr.

- *Schiffstouren*: Mindener Fahrgastschiffahrt GmbH, An der Schachtschleuse, 32425 Minden, Tel. 0571/41046, Fax 47059.

Potts Park

Der **Freizeitpark** im Mindener Ortsteil Dützen bietet Unterhaltung für alle Generationen. Von der 60 m^2 großen Modelleisenbahnanlage sind gestandene Familienväter kaum loszueisen. Obwohl – Attraktionen gibt es hier wahrlich genug: Original-Unterseeboot, Schwebebahn, Knopfmuseum, 33 m lange Rutsche, Spiegeldom. In der »Riesenwohnung« ist eine komplett eingerichtete Drei-Zimmer-Wohnung in einem Maßstab nachgebaut, welcher der Sichtweise eines zweijährigen Kindes entspricht. Sie fühlen sich garantiert sehr, sehr jung, wenn Ihre Nasenspitze gerade mal eben die Tischkante erreicht...

- *Informationen Potts Park*: Bergkirchener Str. 99, 32429 Minden-Dützen, Tel. 0571/51088, Fax 5800421, geöffnet ab eine Woche vor Ostern bis Mitte September täglich 10–18 Uhr. Danach bis Mitte Oktober unregelmäßig geöffnet, genaue Zeiten bitte erfragen.

Adressen - ABC

Bad Karlshafen

• **Information**
Kurverwaltung, 34385 Bad Karlshafen, Hafenplatz 8, Tel. 05672/9999-24, Fax 9999-25.

• **Angeln**
in der Weser (km 34,86 bis 44,86): Erlaubnisscheine bei der Kurverwaltung (siehe Informationen) nach Vorlage des Bundesfischereischeines. In der Diemel: Erlaubnisscheine durch Uwe Fey, Poststr. 32, Tel. 05672/2861.

• **Bootshafen**
an der Weser, mit Liegeplätzen und Slipanlage, Tel. 05672/2219.

• **Bootsverleih**
am Mineral-Freibad, Tel. 05672/2882. Verleih geöffnet von ca. 15. Mai bis 15. September.

• **Bücher**
Meinhardt, Weserstr. 22, Tel. 05672/2803.
Schäfer, Conradistr. 2, Tel. 05672/503.

• **Camping**
Campingplatz Bad Karlshafen, Am rechten Weserufer, Tel. 05672/710, ganzjährig geöffnet. Boots-Slipanlage!

Campingplatz Helmarshausen, Breiter Weg (an der Diemel), Tel. 05672/1770, geöffnet 1. April bis 30. September.

• **Dampferfahrten**
Auskunftsstelle Kurverwaltung im Rathaus, Tel. 05672/9999-24.

• **Deutsches Hugenottenmuseum**
Hafenplatz 9a, Tel. 05672/1410, Fax 1664, geöffnet Di bis Sa 14–18 Uhr, So 11–18 Uhr. Geschlossen vom 31. Dezember bis 16. Februar.

• **Fahrradverleih**
Campingplatz Bad Karlshafen (am Mineralfreibad), Tel. 05672/710.

• **Glaskunst**
Die Glashütte, Weserstr. 43, Tel. 05672/1414. Neben dem Ladengeschäft sind dort Glasbläser, Glasschleifer und Graveure bei ihrer Tätigkeit zu beobachten. Geöffnet Mo bis Fr 9–13 und 14–18 Uhr, Sa 9–13 Uhr, So/Feiertage 11–17 Uhr.

• **Hotels/Pensionen**
Gästehaus Alt Carlshaven, Maison 23 – Weserstr., Tel. 05672/2812, Fax 2712
Parkhotel Haus Schönebeck, C.-D.-Stunz-Weg 10, Tel. 06172/925020, Fax 925011.

• **Jugendherbergen**
Bad Karlshafen: Winnefelder Str. 7, Tel. 05672/338.
Bad Karlshafen–Helmarshausen: Gästehaus Diemeltal, Gottsbürener Str. 15, Tel. 05672/1027.

• **Krukenburg**
Besichtigung der *Krukenburg-Ruine* ganzjährig möglich.
Museum an der Krukenburg: unterhalb der Krukenburg, geöffnet Di bis Sa 10–12 und 15–17 Uhr sowie nach Vereinbarung unter Tel. 05672/755
Bergzoo: unterhalb der Krukenburg, Tel. 05672/1788, ganzjährig 9–17 Uhr.

• **Reiten**
in der Halle und im Gelände. Auskunft Hella Riedel, Am Birkenbusch 1, Tel. 05672/414.

• **Schwimmen**
Sole-Mineral-Freibad, An der Saline (Weserufer gegenüber der Kurpromenade), Tel. 05672/2882. Täglich geöffnet von 15. Mai bis 15. September.

Hallenbad Helmarshausen, Niederau (Bürgerhaus), Tel. 05672/1054. Täglich geöffnet von 15. September bis 15. Mai.

• **Tennis**

Helmarshausen, Niederau 8 (beim Bürgerhaus), Freiplätze. Clubhaus Tel. 05672 / 629.

Bad Oeynhausen

• **Information**

Verkehrsverein Bad Oeynhausen, Ostkorso 12, 32545 Bad Oeynhausen, Tel. 05731/20430, Fax 20811.
Städtisches Verkehrsamt, 32545 Bad Oeynhausen, Bahnhofstr. 45, Tel. 05731 /245183.

• **Angeln**

an der Werre. Erlaubnisscheine erteilt die Hauptkasse der Kurverwaltung (Ostkorso 12, siehe Verkehrsverein). Angelscheine für die Weser und andere Gewässer geben die zuständigen Vereine aus, Auskunft darüber gibt ebenfalls die Hauptkasse der Kurverwaltung.

• **Baden**

Freibäder an der Loher Str. und im Sielpark, tägl. geöffnet Mai –September.
Hallenbad Rehme, 32547 Bad Oeynhausen, Hermann-Löns-Str. 26, Tel. 05731 /28585, geöffnet Di, Mi, Do 7–21.30 Uhr, Fr 8–22 Uhr, Sa 8–18 Uhr, So 8–13 Uhr.

• **Bücher**

Bücherstube Nüthen, Im Kurgarten 3, Tel. 05731/22193.
Die Bücherecke, Viktoriastr. 2, Tel. 05731/20282.
Scherer, Paul-Baehr-Str. 4, Tel. 05731 /22194.
Stieghorst, Königshof-Kolonnaden, Tel. 05731/22794.

• **Camping**

Großer Weserbogen GmbH, 32457 Porta Westfalica, Zum südlichen See 1, Tel. 05731/6188 oder 6189, Fax 6601. Badesee, Surfen, Bootsvermietung. Ganzjährig geöffnet.

• **Fahrradverleih**

am Bahnhof, Tel. 05731/21144.

• **Hotels/Pensionen**

Hotel Brunnenhof, Brunnenstr. 8, Tel. 05731/21111, Fax 21148.
Hotel und Appartmenthaus Königshof, Am Kurpark 5, Tel. 05731/2460, Fax 246105.
Hotel Stickdorn, Wilhelmstr. 17, Tel. 05731/21141, Fax 21142.
Hotel Trollinger Hof, Detmolder Str. 89, Tel. 05731/7957-0, Fax 795710.
Hotel Wittekindsquelle, Bergkirchener Str. 476, Tel. 05734/9100-0, Fax 910091.
Pension Haus Holstein, Luisenstr. 6, Tel. 05731/28681 o. 3344.
Pension Komberez, Portastr. 21, Tel. 05731/22849.

• **Kino**

Kinocenter *Die Leiter*, Eidinghausener Str. 5, Tel. 05731/22111.

• **Museen**

Deutsches Märchen- und Wesersagenmuseum: Am Kurpark 3, Tel. 05731 /22428, geöffnet Di bis So 10–12 und 15–17.30 Uhr, im Januar geschlossen.
Motortechnica-Museum: Weserstr. 225, Tel. 05731/9960, Fax 92412, geöffnet täglich 9–18 Uhr (auch an Sonn- und Feiertagen).
Museumshof im Siekertal: Schützenstr. 35 a, Tel. 05731/91488, geöffnet Di bis So 9.30–11.30 und 15–18 Uhr, Dez./Jan. geschlossen. Freilichtmuseum mit heimatkundlicher Ausstellung. In der Nachbarschaft liegt an der Straße »Im Siekertal« eine restaurierte Wassermühle.

• **Reiten**

Reithalle, Wendener Str. 12, Tel. 05731 /93325. Täglich 9–12 und 15–17 Uhr sowie nach Vereinbarung.

• **Spielcasino**

Kurhaus im Kurpark, Tel. 05731/1808-0, geöffnet täglich ab 15 Uhr. Roulette, Black Jack, Automatenspiele.

• **Stadtführungen**
finden ganzjährig statt. Termin ist in der Regel an jedem Mittwoch, 14.30 Uhr, Treffpunkt: Sültemeier-Brunnen in der Klosterstr. Informationen erteilt der Verkehrsverein, Tel. 05731/20430.

• **Tennis**
Oeynhausener Tennisclub e.V., Tennisplätze im Siekertal an der Schützenstraße, weitere Plätze bei den Schulzentren. Information und Buchung über Sportamt der Stadt Oeynhausen, Tel. 05731/245330.

Bad Pyrmont

• **Information**
Kur- und Verkehrsverein e.V., Südstr. 11a, 31812 Bad Pyrmont, Tel. 05281/940511, Fax 609947.

• **Bücher**
Allee-Buchhandlung, Kirchstr. 7, Tel. 05281/2757.
Heuer, Brunnenstr. 32/47, Tel. 05281/93203-0 u. 2738.

• **Camping**
»Camping Bad Pyrmont«, Tel. 05281/8772, ab Bad Pyrmont-Thal ausgeschildert, ganzjährig geöffnet.

• **Fahrradverleih**
am Bahnhof (nur vom 1. April bis 31. Oktober), Tel. 05281/5115.

• **Hotels/Pensionen**
Haus Oehlschläger, Seitenweg 2, Tel. 05281/8472.
Haus Ritter, Altenaustr. 8, Tel. 05281/60560, Fax 605-640.
Haus Steinmeyer, Brunnenstr. 19, Tel. 05281/3849, Fax 5059.
Hotel Bergkurpark, Ockelstr. 11, Tel. 05281/4001, Fax 4004.
Hotel an der Hauptallee, Kaiserplatz 1/2, Tel. 05281/3383, Fax 5077.
Hotel Park-Residenz, Schloßstr. 8, Tel. 05281/60401, Fax 604-154
Hotel Quellenhof, Rathausstr. 22/24, Tel. 05281/2062, Fax 3068.

• **Kurpark**
Kurpark und Palmengarten: Kostenlose botanische Führungen ab Mai alle 14 Tage sonntags, Treffpunkt 8.30 Uhr am Lesesaal der Kurverwaltung. Palmengarten im Winterquartier: Führungen ab Mitte November Mo/Mi Treffpunkt 14.30 Uhr Palmenhaus im Kurpark.

• **Kurstadtführung**
an jedem Freitag bei geeignetem Wetter um 9.30 Uhr, Treffpunkt Kurpark/Haupteingang Brandenburger Tor (Heiligenangerstr.), Mindestteilnehmerzahl acht Personen, für Kurkarteninhaber kostenlos.

• **Schloß Pyrmont**
Schloßstr. 13, Außenanlagen täglich 8.30–21.45 Uhr frei zugänglich.
Museum im Schloß, Tel. 05281/949248, geöffnet Di bis So 10–17 Uhr.
Schloßführung jeden Dienstag 10 Uhr, Treffpunkt Museumskasse.

• **Schwimmen**
Hallenwellen- und Freibad Südstr., Tel. 05281/949265. Freibad mit 47 m Wasserrutsche, Springerbecken, FKK-Bereich, Gondelbecken. Hallenbad mit Wellenanlage, Fitneßraum, Sauna, Massage, Kegelbahn, Gastronomie.
Hufeland-Bad am Forstweg (Sole-Hallen-Freibad), Tel. 05281/151750. Ausblick über das Pyrmonter Tal, 600 qm Wasserfläche, tägl. geöffnet 9–19 Uhr, Mo/Mi/Fr bis 21 Uhr.

• **Spielbank**
im Konzerthaus (Heiligenangerstr.). Automatensaal geöffnet ab 14 Uhr, Roulette ab 15 Uhr. Jeden Mittwoch um 19.30 Uhr findet eine kostenlose Einweisung mit Probespielen statt.

• **Tierpark**
Südstr. (neben dem Hallenwellen- und Freibad), Tel. 05281/2539, täglich geöffnet 1. April bis 30. September 9–19

Uhr, 1. Oktober bis 31. März 10 Uhr bis Einbruch der Dunkelheit.

Beverungen

- **Information**

Verkehrsamt Beverungen, Weserstr. 10–12, 37688 Beverungen, Tel. 05273/92221, Fax 92120.

- **Bücher**

Kübler, An der Kirche 10, Tel. 05273/1238.
Ruthe, Lange Str. 49, Tel. 05273/1365.

- **Freizeit-Domäne**

37677 Beverungen-Blankenau, Tel. 05273/4116. Bootszubehör, Campingausrüstung, Sportartikel, Reparaturen, Aktivitäten, riesiger Kinderspielplatz mit Modellbahn, Bewirtung. Hier findet man selbst außerhalb der Hauptsaison die Möglichkeit zur Ausrüstungsergänzung. Die Anlage an sich ist bereits den Besuch wert.

- **Hotels/Pensionen**

Hotel Böker, Bahnhofstr. 25, Tel. 05273/1354, Fax 22325.
Hotel Kuhn, Weserstr. 27, Tel. 05273/1353.
Hotel Stadt Bremen, Lange Str. 13, Tel. 05273/9030, Fax 21575.
Hotel Weserblick, Kasseler Str. 2, Tel. 05273/5323, Fax 1253.
Hotel-Pension Resi, Am Kapellenberg 17, Tel. 05273/1397.

Bevern

- **Information**

Samtgemeinde Bevern, 37639 Bevern, Rathaus, Tel. 05531/994416, Fax 80243.

- **Schloß Bevern**

Tel. 05531/707393. Das *Heimatmuseum* im Schloß ist sonntags 10–12.30 Uhr oder nach Vereinbarung geöffnet.

Bodenfelde

- **Information**

Tourist-Information Bodenfelde, Bleekstr. 23, 37194 Bodenfelde, Tel. 05572/936-925, Fax 936-991.

- **Bücher**

Schlieper, Bleekstr. 20, Tel. 05572/1442
Wagner, Uslarer Str. 6, Tel. 05572/302.

- **Hotels/Pensionen**

Gasthaus Weserblick, Kottberg 19, Tel. 05572/877, Fax 871.
Hotel Weserbergland, Uslarer Str. 7, Tel. 05572/2202.
Hotel Zur Krone, Blumenstr. 1, Tel. 05572/1820, Fax 4859.

Bodenwerder

- **Information**

Städtisches Verkehrsamt, 37619 Bodenwerder, Weserstr. 3, Tel. 05533/40541, Fax 6152.

- **Angeln**

Beratung im Angel-Center, Linser Str. 1, Tel. 05533/2155.

- **Bücher**

Bücher-Ecke Bodenwerder, Münchhausenstr. 2, Tel. 05533/5758.

- **Camping**

»Camping an der Himmelspforte«, B 83 Hameln–Holzminden, ab Bodenwerder Richtung Rühle (ausgeschildert), Tel. 05533/4938, ganzjährig geöffnet.
»Rühler Schweiz«, 37619 Bodenwerder-Rühle, Tel. 05533/2486, ganzjährig geöffnet.

- **Hotels/Pensionen**

Hotel Deutsches Haus, Münchhausenplatz 4, Tel. 05533/3925, Fax 4113.
Hotel Haus am Hang, Stephanusstr. 1, Tel. 05533/2444, Fax 3010.
Strandhotel Zur Weser, Homburgstr. 53, Tel. 05533/2063, Fax 5026.

- **Jugendherberge**

Richard-Schirrmann-Weg, Tel. 05533/2685, Fax 6203.

- **Museum**

Rathaus mit *Münchhausen-Erinnerungszimmer* und *Heimatmuseum* am Stadtpark, Tel. 05533/405-0, beide geöffnet April bis Oktober täglich 10–12 und 14–17 Uhr. Zu anderen Zeiten Führung nach Anmeldung.

- **Museumseisenbahn**

Zwischen Emmerthal und Vorwohle verkehrt der »Weserberglandkurier«, ein Reichsbahnzug von 1928. Auskunft erteilt das Verkehrsamt, Tel. 05533/40541.

- **Münchhausen-Spiel**

auf der Rathaustreppe: Mai bis Oktober an jedem ersten Sonntag im Monat, Beginn jeweils um 15 Uhr.

- **Stadtführung**

Mai bis September an jedem Mittwoch um 15 Uhr, Treffpunkt: Verkehrsamt, Weserstr. 3.

- **Tennis**

Ziegeleiweg, Tel. 05533/4340.

Bückeburg

- **Information**

Städtisches Verkehrsbüro, Lange Str. 44, 31675 Bückeburg, Tel. 05722/206-181, Fax 206-210.

- **Besucherbergwerk Kleinenbremen**

Gruppenanmeldung und Information: Karlstr. 48, 32423 Minden, Tel. 0571/3994-38 u. -42, Fax 3994-44. Geöffnet 1. April bis 30. Oktober Sa, So und feiertags 10–16 Uhr, Di und Fr nur für angemeldete Gruppen 10–16 Uhr. Während der Sommerferien gibt es zusätzliche Öffnungstage!

- **Bücher**

Hofbuchhandlung Frommhold, Lange Str. 58, Tel. 05722/3573.
Scheck, Lange Str. 67, Tel. 05722/3493.

- **Hubschraubermuseum**

Sablé-Platz 6, Tel. 05722/5533, geöffnet tägl. 9–17 Uhr.

- **Hotels/Pensionen**

Hotel Altes Forsthaus, Harrl 2, Tel. 05722/28040, Fax 280-444.
Hotel Ambiente, Herminenstr. 11, Tel. 05722/1012, Fax 3416.
Hotel Bückeburger Hof, Rintelner Str. 30, Tel. 05722/4222, Fax 3947.

- **Museum**

Landesmuseum für Schaumburg-Lippische Geschichte, Landes- und Volkskunde, Lange Str. 22, Tel. 05722/4868. Der Name ist Programm. Vor allem Liebhaber der vielfältigen schaumburg-lippischen Trachten kommen hier auf ihre Kosten. Geöffnet März bis Oktober Di bis So 11–16.30 Uhr. Führungen nach Vereinbarung.

- **Schloß Bückeburg**

Fürstliche Schloßverwaltung, Tel. 05722/5039, geöffnet tägl. 9–12 und 13–18 Uhr, Oktober bis April 13–17 Uhr. Führungen für Gruppen ab 20 Personen.
Mausoleum, geöffnet April bis Oktober tägl. 10–18 Uhr, im Winter nach Vereinbarung.

Emmerthal

- **Information**

Gemeindeverwaltung Emmerthal, Berliner Str. 15, 31860 Emmerthal, Tel. 05155/690, Fax 6931.
Schloßverwaltung Hämelschenburg, 31860 Emmerthal-Hämelschenburg, Tel. 05155/8539. Führungen von April bis Oktober Di bis So jeweils um 10/11/12/14/15/16/17 Uhr, Führungsdauer ca. 30–40 Minuten.

- **Hotels/Pensionen**

Pension Strüver, Hajener Str. 8, Tel. 05155/9702-0, Fax 7767.

- **Museum für Landarbeit und Landtechnik**

Frenker Str. 22, 31860 Emmerthal-Börry, Tel. 05157/209, geöffnet 1. April bis 31. August tägl. außer Mo 12–17 Uhr. Gruppenführungen nach Absprache.

- **Museumseisenbahn**

Zwischen Emmerthal und Vorwohle verkehrt der »Weserberglandkurier«, ein Reichsbahnzug von 1928. Auskunft erteilt die Gemeindeverwaltung, Tel. 05155/690.

Fürstenberg

- **Information**

Verkehrsamt, Haus des Gastes, 37699 Fürstenberg, Tel. 05271/5101, Fax 49274.

- **Hotels/Pensionen**

Hotel Hubertus, Derentaler Str. 58, Tel. 05271/5911, Fax 5652.
Pension Haus Meißner, Im Winkel 11, Tel. 05271/5466.

- **Porzellanmuseum Fürstenberg**

37699 Fürstenberg, Tel. 05271/401-0, geöffnet: Di bis Sa 9–17 Uhr, So u. Feiertage 10–17 Uhr. Gruppenführungen nach Anmeldung möglich (max. 25 Personen, 60 DM pro Gruppe).
Porzellanladen im Schloß Fürstenberg, Tel. 05271/401-0, geöffnet Di bis Sa 10–18 Uhr, So u. Feiertage 12–17 Uhr. Vom Jahresanfang bis zum Sonntag vor Ostern bleibt das Ladengeschäft an Sonn- und Feiertagen geschlossen.

Gemeinde Oberweser

- **Information**

Verkehrsamt der Gemeinde Oberweser, 34399 Oberweser-Gieselwerder, Tel. 05572/9373-20, Fax 9373-40.
Verkehrsamt der Gemeinde Oberweser, 34399 Oberweser-Oedelsheim, Tel. 05574/307, Fax 5242.

- **Bootsvermietung, Floßfahrten, Fahrradverleih, Kutschfahrten**

Busch Freizeit-Service, 34399 Oberweser-Gottstreu, Tel. 05574/818, Fax 1490.

- **Camping**

34399 Oberweser-Gieselwerder, In der Klappe 21, Tel. 05572/7611. Der Platz liegt am beheizten Freibad und unmittelbar an der Weser. Geöffnet vom 1. April bis 31. Oktober.
34399 Oberweser-Gottstreu, Tel. 05574 /818. Der Campingplatz »Weißehütte« ist vor allem Lagerplatz für Wasserwanderer.
34399 Oberweser-Oedelsheim, Tel. 05574/1322. Der Platz liegt am Hallenbad und unmittelbar an der Weser. Geöffnet vom 1. April bis 31. Oktober.

- **Mühlenplatz**

34399 Oberweser-Gieselwerder, Tel. 05572/1510, geöffnet 1. April bis 30. September tägl. 9–18 Uhr, 1. bis 15. Oktober tägl. 9–17 Uhr.

Gottsbüren

- **Information**

Verkehrsamt Trendelburg, Rathaus, 34388 Trendelburg, Tel. 05675/74990, Fax 5112.

Hameln

- **Information**

Tourist-Information Hameln, Deisterallee 3 (am Bürgergarten), 31785 Hameln, Tel. 05151/202-617 bis 619, Fax 202-500.

- **Angeln**

Angelscheine bei Spieß, Angel-Center, Bürenstr. 14, Tel. 05151/26206.

- **Bücher**

Bestseller, Osterstr. 32, Tel. 05151/23140.
Bücherstube, Deisterallee 2, Tel. 05151/26086.
Matthias, Bäckerstr. 56, Tel. 05151/7070 u. 3200.
Steiniger, Osterstr. 52, Tel. 05151/3225.

- **Camping**

»Am Waldbad«, Pferdeweg 2, 31787 Hameln, Tel. 05158/501 (Winteranschluß) und 05158/2774 (Sommeranschluß), geöffnet 1. April bis 31. Oktober.
»Fährhaus an der Weser«, Uferstr. 80 (westl. Weserufer), 31787 Hameln, Tel. 05151/61167, ganzjährig geöffnet.

- **Fahrrad-Parkplätze**

80 gesicherte Parkplätze für Drahtesel und Gepäck befinden sich in der Stockhof-Tiefgarage unter der Rattenfänger-Halle (Weserpromenade). Dieser beispielhafte Service für Radwanderer kostet bis zu vier Stunden eine Mark, für den ganzen Tag zwei Mark. Öffnungszeiten: Mo–Do bis 23 Uhr (Mai–September bis 24 Uhr), Fr/Sa bis 2 Uhr morgens, So bis 19 Uhr (Mai–September bis 21 Uhr).

- **Galerien**

Galerie am Haspelmathturm, Kastanienwall 12, Tel. 05151/23322. Wechselnde Ausstellungen, Neue Malerei, Plastiken. Geöffnet Di bis Fr 10–13 und 14–17 Uhr, Sa/So 10–13 Uhr.
Kunstkreis, im Rolf-Flemes-Haus am Rathausplatz 4, Tel. 05151/3070, geöffnet Di bis Fr 10–13 und 14–17 Uhr, Sa/So 10–13 Uhr.

- **Glockenspiel**

am Hochzeitshaus (Westseite) tägl. 13.05/15.35/17.35 Uhr.

- **Hotels/Pensionen**

City Hotel, Neue Marktstr. 9, Tel. 05151/7261, Fax 45974.
Dorint Hotel Hameln, 164er Ring 3, Tel. 05151/792-0, Fax 792191.
Hotel Zur Börse, Osterstr. 41a, Tel. 05151/7080, Fax 25485.
Hotel Zur Krone, Osterstr. 30, Tel. 05151/9070, Fax 907217.
Hotel Christinenhof, Alte Marktstr. 18, Tel. 05151/9508-0, Fax 43611.
Pension Karock, Waldhofweg 6, Tel. 05151/63465.

- **Kino**

City-Kino-Center (fünf Kinos), Deisterstr. 20, 31785 Hameln, Tel. 05151/7500.

- **Kulturzentrum**

Kultur- und Kommunikationszentrum Sumpfblume e.V., Am Stockhof 2a, 31785 Hameln, Tel. 05151/44000 oder 45219. Café und Kulturveranstaltungen für alle Altersgruppen, geöffnet Mo bis Sa ab 18 Uhr, So ab 15 Uhr.
Kultur- und Kommunikationszentrum Regenbogen, Erichstr. 6, 31785 Hameln, Tel. 05151/202-548. Bühne, Disco, Spiele, Kino. Geöffnet Mo bis Fr ab 9 Uhr, Sa Abendveranstaltungen.

- **Museum Hameln**

Osterstr. 8–9, 31785 Hameln, Tel. 05151/202-215 u. 216. Geöffnet Di bis Fr 10–16.30 Uhr, Sa/So 10–12.30 Uhr. Führungen nach Vereinbarung.

- **Rattenfänger-Freilichtspiel**

auf der Hochzeitshausterrasse. Ab Mitte Mai bis Mitte September an jedem Sonntag um 12.00 Uhr, Dauer ca. 30 Minuten.

- **Rattenfänger-Halle**

Weserpromenade, 31785 Hameln, Tel. 05151/202-0.

- **Rattenfängerpfad**

Information: Wanderverein Hameln-Weserbergland, Postfach 101222, 31762 Hameln.

- **Schiffsfahrten**

Oberweser-Dampfschiffahrt GmbH, Inselstr. 3, 31787 Hameln, Anleger an der

Weserpromenade (Höhe Rattenfängerhalle), Tel. 05151/22016, Fax 23040. Von Ostern bis Anfang Oktober Rundfahrten zum Ohrbergpark täglich ab 10 Uhr zu jeder vollen Stunde (Dauer ca. 1 Stunde). Hafenrundfahrt (Dauer ca. 2 Std.) mit Schleusung auf Anfrage. Schiffsvermietung möglich.

- **Schwimmen**

Hallenbad Hafenstr., 31785 Hameln, Tel. 05151/202-501. Geöffnet Oktober bis Mai. Mi 15.30–17 Uhr Spielenachmittag für Kinder.
Hallenbad Einsiedlerbach, 31787 Hameln, Tel. 05151/202-244, ganzjährig geöffnet. Do 15.30–17 Uhr Spielenachmittag für Kinder.
Freibad »Südbad«, Fluthamelstr., 31789 Hameln, Tel. 05151/24567.

- **Stadtführungen**

ab Verkehrsverein, Deisterallee 3 (Bürgergarten): Mai bis September Mo–Sa 15 Uhr, So 10 Uhr. Dauer ca. 1 Stunde. Gruppenführungen (auch im Winterhalbjahr und in Fremdsprachen) auf Vereinbarung.

- **Tennis/Squash**

Sportcenter Nordstadt, Aubuschweg 3, 31785 Hameln, Tel. 05151/42244.

- **Theater Hameln**

Rathausplatz (am Bürgergarten), Theaterkasse Tel. 05151/3747. Spielzeit von September bis Juni.

- **Wasserspiele**

im Bürgergarten tägl. 11–12 / 15–16 / 19.30–20.30 Uhr.

Hann. Münden

- **Information**

Verkehrsverein Naturpark Münden e.V., 34346 Hann. Münden, Rathaus, Tel. 05541/75313, Fax 75404.

- **Angeln**

Angelmöglichkeiten in Werra, Fulda und Weser. Angelscheine sind beim Verkehrsverein erhältlich, Tel. 05541/75313.

- **Bücher**

Beume, Burgstr. 29, Tel. 05541/12924.
Musmann, Ziegelstr. 52, Tel. 05541/4676.
Winnemuth, Rosenstr. 17, Tel. 05541/8768.

- **Camping**

Campingplatz Münden, Oberer Tanzwerder (Fuldainsel in unmittelbarer Nähe der Altstadt), Tel. 05541/12257. Hier ist auch eine Fahrradaufbewahrung! Stellplätze für Wohnmobile sind auf einem ausgewiesenen Parkplatz auf dem Unteren Tanzwerder (Nähe Weserstein).

- **Dampferfahrten**

Auf der Weser: Oberweserdampfschiffahrts GmbH, Fahrkarten im Verkehrsverein (Rathaus), Tel. 05541/75313 oder Reisebüro Münden, Kirchplatz 11, Tel. 05541/4006. Abfahrten am Anleger Unterer Tanzwerder/Weserstein.
Auf der Fulda: Firma Rehbein, Weserstr. 5, 34125 Kassel, Tel. 0561/18505, Abfahrten am Anleger Kasseler Str. (Hann. Münden); Firma Söllner, Die Schlagd/Rondell, 34125 Kassel, Tel. 0561/774670, Abfahrten am Anleger Löwenbrücke (Hann. Münden).

- **Dr.-Eisenbart-Festspiele**

Marktplatz (Rathaus), von Pfingsten bis Ende August an den meisten Sonntagen ab 11 Uhr, Dauer ca. eine Stunde.

- **Doktor-Eisenbart-Statue**

am Wohn- und Sterbehaus des Arztes, Lange Str. 34.

- **Fahrradverleih**

H.J. Cleff, Kiesau 9, Tel. 05541/5996

- **Hotels/Pensionen**

Hotel Freizeit Auefeld, Hallenbadstr. 33, Tel. 05541/7050, Fax 1010.

Hotel Schmucker Jäger, Wilhelmshäuser Str. 45, Tel. 05541/9810-0, Fax 2901
Werratal-Hotels, Buschweg 40-42, Tel. 05541/35021, Fax 33425.

- **Jugendherberge**

Prof. Oelkers-Str. 8, Tel. 05541/8853.

- **Kino**

Schiller Lichtspiele, Lange Str. 47, Tel. 05541/4530.

- **»Ochsenkopf«**

Sydekumstr. 8, Tel. 05541/71646, Öffnungszeiten tägl. 11.30–12.30 Uhr und 15–17 Uhr.

- **Rathaus**

Marktplatz, Besichtigung der Unteren Rathaushalle ganztägig möglich.

- **Reiten**

Reitsportverein und Reitschule »Kattenbühl«, Kohlenstr. 5, Tel. 05541/33758.

- **Rotunde**

vom 14. Mai bis 30. September tägl. geöffnet 10.30–12.30 und 15–17 Uhr.

- **Schwimmen**

Freibad Hochbad-Stadion, Auf dem Radwerder, geöffnet: Mai und September tägl. 7–19.30 Uhr, Juni bis August tägl. 7–21 Uhr.
Hallenbad, Hallenbadstr. 30, Tel. 05541 /6732, geöffnet: Di (Warmbadetag) 6–8 , 10–11 (nur für Frauen), 11–21 Uhr; Mi 13–21 Uhr; Do 13–18 Uhr; Fr 13–18.30; Sa 8–16 Uhr; So 8–12 Uhr.

- **Stadtführung**

Vom 15. Mai bis Ende September Mi und Sa um 10 Uhr, So 9.30 Uhr, Treffpunkt Rathaus.

- **Tennis**

Tenniscenter, Hallenbadstr. 31, Tel. 05541/1077

- **Tillyschanze**

Aussichtsturm am westlichen Stadtrand, Turmbesteigung möglich ab Mitte April bis Ende Oktober. Geöffnet nur bei gehißter Fahne, Mo geschlossen.

- **Welfenschloß und Städtisches Museum**

Schloßplatz. Führung Rathaus/Schloß Mai bis September Do 10 Uhr und Sa 14.30 Uhr. Öffnungszeiten des Museums im Schloß: Mi–Fr 10–12 und 14.30–17 Uhr, Sa 10–12 und 14.30–16 Uhr, So 10–12.30 Uhr.

Hessisch Oldendorf

- **Information**

Stadt Hessisch Oldendorf, Verkehrsamt, Kirchplatz 4, 31840 Hessisch Oldendorf, Tel. 05152/2573, Fax 1405.

- **Bücher**

Lücke, Lange Str. 45, Tel. 05152/2327.
Wermann, Lange Str. 69, Tel. 05152/2447.

- **Hotels/Pensionen**

Hotel Baxmann, Segelhorster Str. 3, Tel. 05152/94100, Fax 941099.
Hotel Heitz, Lange Str. 26-28, Tel. 05152/2435, Fax 3289.
Hotel Weißes Haus, Waldhofstr. 100, Tel. 05152/8522, Fax 61925.
Hotel Weserterrasse, Brüggenanger 14, Tel. 05152/9430-0, Fax 943033.

- **Stift Fischbeck**

Tel. 05152/8603. Geöffnet Di bis So 14–16 Uhr, Di und Fr auch 9–11 Uhr. Das Stift ist ausschließlich im Rahmen einer Führung zu besichtigen.

Höxter

- **Information**

Fremdenverkehrs- und Kulturamt, Historisches Rathaus, 37671 Höxter, Tel. 05271/19433, Fax 63435.

- **Angeln**

in Weser, Nethe und Bollerbach, Auskunft erteilt Karl Müller, Pyrmonter Str. 77, Tel. 05271/8963.

- **Bootsliegeplätze**

Auskunft beim Wasser- und Schiffahrtsamt, Am Hafen 1, Tel. 05271/2411.

- **Bücher**

Brandt, Stummrigestr. 2, 05271/ 1233. Buch und Kunst GmbH, An der Kilianikirche 2, Tel. 05271/2271.

- **Camping**

Campingplatz am östlichen Weserufer neben Freibad und Sportanlage (Landstr. nach Boffzen), Tel. 05271/2589. Auch für Bootswanderer gut geeignet!

- **Dampferfahrten**

Buchungen und Information beim Fremdenverkehrs- und Kulturamt, Weserstr. 11, Tel. 05271/63431, Fax 63435.

- **Fahrradverleih**

ARAL-Tankstelle Sternberg, Fürstenberger Str., Tel. 05271/2209.
Zweirad Lück, Corbiestr. 20, Tel. 05271/33490.

- **Glockenspiel**

am Historischen Rathaus, Weserstr. 11, täglich 8.55, 11.55, 14.55, 17.55 und 20.55 Uhr.

- **Hotels/Pensionen**

Corveyer Hof, Westerbachstr. 29, Tel. 05271/2272.
Hotel Alte Post, Obere Dorfstr. 40, Tel. 05271/5122.
Hotel Niedersachsen, Möllinger Str. 4, Tel. 05271/6880, Fax 688444.
Hotel Weserberghof, Godelheimer Str. 16, Tel. 05271/97080, Fax 970888.
Hotel Weserstrand, Grashofstr. 39, Tel. 05271/2334, Fax 7163.

- **Jugendherberge**

An der Wilhelmshöhe 59, Tel. 05271/ 2233.

- **Kino**

Residenz-Theater und Resi-Jet, Brenkhäuser Str., Tel. 05271/7720. Von Oktober bis April werden hier auch Theaterstücke aufgeführt.

- **Kloster Corvey**

Besichtigungen April–Oktober täglich 9–18 Uhr. Corveyer Musikwochen werden im Mai/Juni zelebriert. Auskünfte erteilt die Rentkammer Corvey im Schloß Corvey, 37671 Höxter-Corvey, Tel. 05271/68116.

- **Stadtführungen**

von Mai bis September jeden Mi um 10 Uhr, Treffpunkt Fremdenverkehrsamt (Historisches Rathaus, Weserstr. 11).

- **Surfen**

Bei Höxter liegen einige geeignete Baggerseen. Weitere Auskünfte erteilt der Surfclub Weserbergland e.V., Tel. 05271 /2681 (Joachim Heintz).

- **Tennis & Squash**

Tennishalle GmbH, Zur Lüre 47a, Tel. 05271/8536.

Hofgeismar

- **Information**

Touristikregion Kassel-Land, Kasinoweg 22, 34369 Hofgeismar, Tel. 05671/ 8001-251.

- **Camping**

Campingplatz Hofgeismar, Schöneberger Str. 16, Tel. 05671/1215, ganzjährig geöffnet. Auf dem Platz befindet sich ein rückrufbarer Münzfernsprecher. Unter der Nummer 05671/5927 kann man sich hier anrufen lassen!

- **Hotel**

Dornröschenschloß, Sababurg, Tel. 05671/8080, Fax 808200

- **Museen**

Apotheken-Museum, Apothekenstr. 5, 34369 Hofgeismar, Tel. 05671/748, ge-

öffnet Mo/Di/Do 10–12 Uhr, Mi 15–18 Uhr, Fr 17–19 Uhr, So 11–13 und 15–18 Uhr. Führungen nach Vereinbarung.
Stadtmuseum, Petriplatz, 34369 Hofgeismar, Tel. 05671/4791, Öffnungszeiten wie Apotheken-Museum.

- **Sababurg**

Information: Verkehrsamt Hofgeismar, Markt 1, 34369 Hofgeismar, Tel. 05671/808-0, Fax 808200.
Ansagedienst Kulturveranstaltungen auf der Sababurg, Tel. 05671/808-280.
Tierpark Sababurg/Forst- und Jagdmuseum, geöffnet Mai–August 8–19 Uhr, im Winter 10–16 Uhr.

Holzminden

- **Information**

Fremdenverkehrs- und Kulturamt, Obere Str. 30, 37603 Holzminden, Tel. 05531/2088, Fax 140114.

- **Bücher**

Müllersche Buchhandlung, Obere Str. 5, Tel. 05531/4413.
Wiegand, Haarmannplatz 4-6, Tel. 05531/4477.

- **Camping**

Am Freibad (westliches Weserufer), Tel. 05531/3588.

- **Hotels/Pensionen**

Hotel Buntrock, Karlstr. 23, Tel. 05531/93730, Fax 120221.
Hotel Schleifmühle, Schleifmühle 3, Tel. 05531/5098, Fax 120660.
Parkhotel interopa, Altendorfer Str. 19, Tel. 05531/2001, Fax 2002.
Pension Meyerrose, Bleiche 23, Tel. 05531/6777.

- **Jugendherberge**

Am Steinhof, Tel. 05531/4411, Fax 120630.

- **Museen**

Museumsschiff »Stör«, Museum der Weserschiffahrt, zwischen Frei- und Hallenbad (westliches Weserufer), Tel. 05532/959203, geöffnet: Sa 14–16 Uhr, So 10.30–12.30 Uhr.
Puppen- und Spielzeugmuseum, Torweg Mittlere Str./Ecke Neue Str., Tel. 05532/4098, geöffnet Di/Fr 9.30–12.30 und 15.30–18 Uhr, Do 15.30–18 Uhr, Sa 10–13 Uhr.
Stadtmuseum, Bahnhofstr. 31, Tel. 05532/6202, geöffnet: Di/Do/So 10–12 Uhr, Mi/Fr 14.30–17.30 Uhr.

- **Stadtführung**

Mai bis Oktober, Sa um 11 Uhr, Treffpunkt Fremdenverkehrs- und Kulturamt, Obere Str. 30.

Holzminden-Neuhaus

- **Information**

Kurverwaltung Neuhaus im Solling, Haus des Gastes, 37603 Holzminden, Tel. 05536/1011, Fax 1350.

- **Hotels/Pensionen**

Zur Birke, Reitergarten 4 u. 11, Tel. 05536/540.
Landhaus Langenberg, Am Langenberg 30, Tel. 05536/1044.
Hotel Zur Linde, Lindenstr. 4, Tel. 05536/1066, Fax 1089.
Hotel Schatte, Am Wildenkiel 15, Tel. 05536/1055, Fax 1560.
Hotel Schloßpark, Am Wildenkiel 11, Tel. 05536/9505-0, Fax 950555.
Hotel Am Wildenkiel, Am Wildenkiel 18, Tel. 05536/1047, Fax 1286.
Pension Haus Becker, Derentaler Str. 29A, Tel. 05536/665.
Waldhotel Alte Mühle, An der Mühle 3, Tel. 05536/296.

- **Schloß Neuhaus**

Hackelbergstr. 1, Verkaufsausstellung geöffnet tägl. 10–18 Uhr, Tel. 05536/275.

- **Sport**

Skilift Neuhaus, Tel. 05536/1011.
Schneetelefon von Dezember bis März 05536/805.

- **Wildpark Neuhaus**

geöffnet 1. Mai bis 31. Oktober tägl. 9–19 Uhr, 1. November bis 30. April 9–17 Uhr, Februar geschlossen.
Waldmuseum im Wildpark Neuhaus, geöffnet 1. Mai bis 31. Oktober tägl. 9–17 Uhr, 1. November bis 30. April 9–16 Uhr, Tel. 05536/222.

Lemgo

- **Information**

Verkehrsverein Lemgo e.V., Papenstr. 7, Tel. 05261/213347, Fax 213492.

- **Bücher**

Bücherstube Pegasus, Mittelstr. 63, Tel. 05261/4777.
Lentfer, Flörkenkamp 3, Tel. 05261/17494.
Wagenersche Buchhandlung, Mittelstr. 91, Tel. 05261/9360-0.
Weege, Mittelstr. 84-46, Tel. 05261/4410.

- **Camping**

Campingplatz am Freibad, ab Stadtmitte ausgeschildert, Tel. 05261/14858, geöffnet 1. April bis 31. Oktober.

- **Hexenbürgermeisterhaus**

Breite Str. 19, Tel. 05261/213276, *Heimatmuseum* geöffnet Di bis Fr 10–12.30 und 13.30–17 Uhr, Sa 10–17 Uhr, So 10–12.30 und 13.30–17 Uhr.

- **Junkerhaus**

Hamelner Str. 36, Tel. 05261/2421, Öffnungszeiten wie Heimatmuseum im Hexenbürgermeisterhaus.

- **Schloß Brake und Weserrenaissance-Museum**

32638 Lemgo-Brake, Tel. 05261/2075 und 2076, Fax 16475, geöffnet Di bis So 10–18 Uhr. An Feiertagen auch montags geöffnet. 24./25. Dezember, 31. Dezember und 1. Januar geschlossen.

Minden

- **Information**

Tourist-Information, Großer Domhof 3, 32423 Minden, Tel. 0571/89385 und 89400, Fax 89401.

- **Bücher**

Bestseller am Scharn, Scharn 10, Tel. 0571/20020.
Bücherwurm, Alte Kirchstr. 21, Tel. 0571/23577.
Horstmann, Kampstr. 7, Tel. 0571/26013.
Lamberti KG, Hauptbahnhof, Tel. 0571/31624.
Marowsky's Buchhandlung, Bäckerstr. 24, Tel. 0571/22827.
Ravensbergische Buchhandlung, Großer Domhof 9, Tel. 0571/22192.
Slagelambers, Kleiner Domhof 23, Tel. 0571/27380.

- **Hotels/Pensionen**

Apartmenthotel Marienhöhe, Marienglacis 45, Tel. 0571/837950, Fax 22854.
Holiday Inn, Lindenstr. 52, Tel. 0571/87060, Fax 8706160.
Hotel Bad Minden, Portastr. 36, Tel. 0571/9563300, Fax 9563369.
Hotel Silke, Fischerglacis 21, Tel. 0571/828070, Fax 8280712.
Stadthotel Kronprinz, Friedrich-Wilhelmstr. 1–3, Tel. 0571/934080, Fax 934080.

- **Informationszentrum Schachtschleuse**

geöffnet 1. April bis 31. Oktober täglich 9–17 Uhr, So bis 18 Uhr.

- **Museen**

Domschatzkammer, Haus am Dom, Kleiner Domhof, 32423 Minden, geöffnet Di/Do/Sa/So 10–12 Uhr, Mi/Fr 15–17 Uhr.
Mindener Museum für Geschichte, Landes- und Volkskunde, Ritterstr. 23-33, 32423 Minden, Tel. 0571/89331, geöffnet Di/Mi/Do/Fr 10–13 und 14.30–17 Uhr (Do bis 18.30 Uhr), Sa 14.30–17 Uhr, So 11–18 Uhr.

• **Museums-Eisenbahn**

Vier Museums-Eisenbahnstrecken werden von Minden aus betrieben. Informationen erteilt der Museums-Eisenbahn Minden e.V., Postfach 110131 32404 Minden, Tel. 0571/58300.

• **Potts Park**

Bergkirchener Str. 99, 32429 Minden-Dützen, Tel. 0571/51088, Fax 5800421, geöffnet ab eine Woche vor Ostern bis Mitte September täglich 10–18 Uhr. Danach bis Mitte Oktober unregelmäßig geöffnet, genaue Zeiten bitte erfragen.

• **Schiffstouren**

Mindener Fahrgastschiffahrt GmbH, An der Schachtschleuse, 32425 Minden, Tel. 0571/41046, Fax 47059.

Polle

• **Information**

Verkehrsverein Polle, Unter der Burg, 37647 Polle, Tel. 05535/411, Fax 8675.

• **Camping**

37647 Polle, Am Weserufer (ab Fähranleger ausgeschildert), Tel. 05535/245, geöffnet Ende März bis Ende Oktober.
Weserbergland Camping, Weserstr. 66, 37649 Heinsen (B 83 Hameln–Höxter, in Heinsen ausgeschildert), Tel. 05535/8733, geöffnet 15. März bis 31. Oktober.

• **Flecken Ottenstein**

Hehlener Str. 1, 31868 Ottenstein, Tel. 05286/229.

• **Hotels/Pensionen**

Haus Hesse, Hohe Feldstr. 34, Tel. 05535/300.
Hotel Zur Burg, Amtstr. 10, Tel. 05535/206 u. 8624, Fax 8671.

• **Jugendherberge**

37647 Polle, Bergstr. 25, Tel. 05535/292, Fax 8536.

Porta Westfalica

• **Information**

Haus des Gastes, Kempstr. 4 a, 32457 Porta Westfalica, Tel. 0571/791-280, Fax 791279.

• **Bücher**

Horstmann, Schalksburgpassage, Tel. 05706/ 76512.

• **Camping**

Großer Weserbogen GmbH, 32457 Porta Westfalica, Zum südlichen See 1, Tel. 05731/6188 oder 6189, Fax 6601. Badesee, Surfen, Bootsvermietung. Ganzjährig geöffnet.

• **Drachenfliegen**

Delta-Club Wiehengebirge, 32457 Porta Westfalica-Barkhausen, Wittekindsburg, Tel. 0571/710227 und 710873.

• **Hotels/Pensionen**

Haus Hubertus, Zur Porta 14, Tel. 0571/7327, Fax 70667.
Landhaus Waldeslust, Heerweg 16, Tel. 0571/71109, Fax 77466.
Porta Berghotel, Hauptstr. 1, Tel. 0571/79090, Fax 790-9789.
Waldhotel, Findelsgrund 81, Tel. 0571/72729, Fax 710431.

• **Jugendherberge**

Kirchsiek 30, 32457 Porta Westfalica, Tel. 0571/70250, Fax 7100047.

Rinteln

• **Information**

Fremdenverkehrsbüro, Klosterstr. 20, 31737 Rinteln, Tel. 05751/403162, Fax 403230.

• **Angeln**

Weser, Doktorsee, Kiesteiche. Auskunft: Pächter Fischereiverein Rinteln, Fr. Hoppenstock, Dankerser Str. 36, Tel. 05751/5496.

- **Baden**

Doktorsee, Tel. 05751/2611.
Freibad »Weseranger«, Am Weseranger, geöffnet ab 15. Mai (bis Herbst) Mo bis Fr 7–20 Uhr, Sa/So 8–20 Uhr.
Hallenbad im Sportzentrum, Paul-Erdniß-Str., Tel. 05751/2377, geöffnet Di, Do, Fr 6.30–8 und 14–21.30 Uhr, Mi 6.30–19.30 Uhr, Sa 13–18 Uhr, So 9–17 Uhr. Während der Sommerferien geschlossen.

- **Bootsliegeplätze**

Auskunft: Motoryacht-Club Rinteln, Tel. 05751/3393.

- **Bücher**

Droste, Weserstr. 3, Tel. 05751/2826.
Meissner, Klosterstr. 35, Tel. 05751/2084.

- **Camping**

Am Doktorsee, Doktorsee GmbH, Tel. 05751/2611, Fax 41956. Ganzjährig geöffnet.
Am Weseranger, Tel. 05751/74422, Ganzjährig geöffnet.
Erholungsgebiet Helenensee in Rinteln-Todemann, Tel. 05751/7133.

- **Hotels/Pensionen**

Hotel Altes Zollhaus, Hauptstr. 5, Tel. 05751/74057, Fax 7761.
Hotel Zum Brückentor, Weserstr. 1, Tel. 05751/42095, Fax 44762.
Hotel Stadt Kassel, Klosterstr. 42, Tel. 05751/9504-0, Fax 44066.
Hotel Der Waldkater, Waldkaterallee 27, Tel. 05751/17980, Fax 179883.

- **Jugendherberge**

Am Bären 1, Tel. 05751/2405.

- **Kloster Möllenbeck**

Besichtigung nach Vereinbarung, Tel. 05751/2992.

- **Museum**

Schaumburgisches Heimatmuseum Eulenburg, Klosterstr. 21, Tel. 05751/41197, geöffnet Di bis So 10–12 Uhr, zusätzlich Di bis Fr 15–17 Uhr, Mo geschlossen. November bis Februar Di bis Fr und So 10–12 Uhr. Führungen nach Vereinbarung.

- **Museumseisenbahn**

Historische Elektrobahn von Rinteln über Bösingfeld nach Barntrup und zurück, Fahrtdauer ca 1,5 Std., Auskunft: Verkehrsbetriebe Extertal GmbH, Am Bahnhof 1, 32699 Extertal, Tel. 05262/409-0.
Dampfeisenbahn Rinteln – Stadthagen und zurück, Fahrtdauer ca. drei Std., Familienermäßigung, Fahrräder kostenlos. Auskunft: Dampfeisenbahn Weserbergland e.V., Postfach 1450, 31724 Rinteln, Tel. 05751/5213.

- **Reiten**

Reitplatz und Reithalle am Steinanger 14, Gastpferde werden aufgenommen. Auskunft: Reit- und Fahrverein Rinteln e.V., Tel. 05751/2717.

Reiterhof Hohenrode, Hünenburgstr. 8, Tel. 05751/3102. Hier werden auch Kutschfahrten angeboten.

- **Segelfliegen**

Segelflugplatz »Rintelner Wiesen« und Motorfluglandeplatz. Segelflugunterricht, Hangflüge am Weser- und Wiehengebirge. Auskunft: Luftsportvereinigung Rinteln e.V., Bruchwiesenweg, Tel. 05751/2002.

- **Stadtführungen**

nach Vereinbarung, Auskunft erteilt das Fremdenverkehrsbüro, Tel. 05751/403162.

- **Tennis**

Tennisverein Rot-Weiß, Waldkaterallee 26, Tel. 05751/5251.
Tennis- und Freizeitcenter GmbH, Hartlerstr. 10, 05751/2611.
Anlage am Doktorsee, Tel. 05751/2611.

Stadthagen

- **Information**

Stadtverwaltung Stadthagen, Rathauspassage 1, 31655 Stadthagen, Tel. 05721/7820 u. 782178.

- **Bücher**

Bücherstube am Markt, Am Markt 11, Tel. 05721/75040.
Schmidt, Am Markt 2, Tel. 05721/3404.

- **Dinosaurierpark Münchehagen**

31547 Rehburg-Loccum (OT Münchehagen), Alte Zollstr., Tel. 05037/2073, Fax 5739, geöffnet vom 15. Januar bis 15. Dezember täglich ab 9 Uhr.

- **Mausoleum**

in der Stadtkirche St. Martini, Am Kirchhof (Marktplatz Ostseite). Geöffnet nach Vereinbarung, Tel. 05721/76001.

- **Museum Amtspforte**

Obernstr. 32 a, Tel. 05721/782187, geöffnet Di bis Fr 10–12 und 15–18 Uhr, Sa/So 15–18 Uhr.

- **Museumseisenbahn**

Dampfeisenbahn Rinteln – Stadthagen und zurück, Fahrtdauer ca. drei Std., Familienermäßigung, Fahrräder kostenlos. Auskunft: Dampfeisenbahn Weserbergland e.V., Postfach 1450, 31724 Rinteln, Tel. 05751/5213.

- **Stadtführungen**

nach Vereinbarung, Information bei der Stadtverwaltung, Tel. 05721/7820.

Trendelburg

- **Information**

Verkehrsamt Trendelburg, Rathaus, 34388 Trendelburg, Tel. 05675/7499-0, Fax 5112.

- **Burghotel Trendelburg**

Steinweg 1, 34388 Trendelburg, Tel. 05675/9090, Fax 9362.

Uslar

- **Information**

Touristik-Information »Ferienregion Uslarer Land«, Altes Rathaus, 37170 Uslar, Tel. 05571/5051, Fax 6295.

- **Bücher**

Henze, Lange Str. 4, 37170 Uslar, Tel. 05571/2806.

- **Camping**

»Campingpark Bergsee«, 37170 Uslar-Delliehausen (ausgeschildert), Tel. 05573/1217. Ganzjährig geöffnet.
»Camping Schönhagen«, 37170 Uslar, ab B 497 von Holzminden aus ca. 2 km vor Schönhagen nach links, Tel. 05571/6961. Geöffnet 1. April bis 31. Oktober.

- **Baden**

Hallenbad »Uslarer Badeland«, Zur Schwarzen Erde (gegenüber vom Schmetterlingspark), 37170 Uslar, Tel. 05571/1664, geöffnet Mo 7.45–9 / 11.30–13 Uhr, Di, Mi, Do, Fr 7.45–9 / 11.30–13 / 14.30–21 Uhr, Sa 9–18 Uhr, So 8–18 Uhr.

- **Hotels/Pensionen**

Feriendorf Uslar GmbH, Zur Mühlenwiese 2, 37170 Uslar, Tel. 05571/4845, Fax 4893.
Gasthaus Unter den Linden, Graftplatz 1, 37170 Uslar, Tel. 05571/3001-0, Fax 300140.
Hotel Menzhausen, Lange Str. 12, Tel. 05571/2051, Fax 5820.

- **Jugendherberge**

Solling-Jugendherberge Uslar, Kupferhammer 13, 37170 Uslar, Tel. 05571/2298, Fax 1288.

- **Kalibergbau-Museum Volpriehausen**

37170 Uslar-Volpriehausen, Tel. 05573/541, geöffnet April bis Oktober Sa 15–17 Uhr, für Gruppen ganzjährig nach Vereinbarung.

- **Schmetterlingspark »alaris«**

Zur Schwarzen Erde (gegenüber Badeland), 37170 Uslar, Tel. 05571/6734, geöffnet 1. April bis Ende Oktober tägl. 9.30–17.30 Uhr. Angeschlossen sind eine Caféteria, ein Souvenirladen und ein Biogartenshop.

- **Segelfliegen**

auf dem Segelflugplatzgelände Reitliehausen in Uslar, Tel. 05571/4989 od. 6030. An den Wochenenden von Ende März bis Anfang Oktober werden Sa und So 10–17 Uhr Gastflüge angeboten. Während der Flugsaison finden auch Fluglehrgänge statt!

- **Stadtführung**

Von Mai bis Oktober Mi 10 Uhr, Treffpunkt Rathaus.

Vlotho

- Information

Tourist-Information Vlotho, Lange Str. 60, 32602 Vlotho, Tel. 05733/7900-0, Fax 7900-62.

- **Bücher**

Regenwurm (Naturkost u. Buchladen), Lange Str. 94, Tel. 05733/7471.
Sitte, Lange Str. 117, Tel. 05733/2688.

- **Camping**

Camping »Schöne Aussicht«, Lehmhöhlenweg 5, Tel. 05733/4074. Lage auf dem Winterberg (250 m) mit Blick übers Wesertal. Ganzjährig geöffnet.
Camping »Sonnenwiese«, Borlefzen 1, Tel. 05733/8217. Direkt an der Weser und am Freizeitgelände Borlefzen, Bootsslipanlage vorhanden. Ganzjährig geöffnet.
Familienfreizeitplatz Borlefzen GmbH, Borlefzen 2, Tel. 05733/80008. Badesee, Hafen mit Weserzufahrt. Geöffnet 1. April bis 31. Oktober.

- **Hotels/Pensionen**

Hotel Bonneberg, Wilhelmstr. 8, Tel. 05733/7930, Fax 793111.
Hotel Lütke, Poststr. 26, Tel. 05733/5075, Fax 5292.
Hotel Stille, Seebruchstr. 35, Tel. 05733/91110, Fax 911144.
Kurklinik Bad Senkelteich, Senkelteichstr. 13, Tel. 05733/9210, Fax 921400.
Pension Kordes, Galgenkamp 29, Tel. 05733/18869 od. 5221.

- **Jugendherberge**

Oeynhauser Str. 15, Tel. 05733/4063, Fax 18139.

Wahlsburg-Lippoldsberg

- **Information**

Verkehrsamt Wahlsburg, 37194 Wahlsburg, Am Mühlbach 15, Tel. 05572/1077, Fax 1768.

- **Hotels/Pensionen**

Lippoldsberger Hof, Schäferhof 16, Tel. 05572/336.
Pension Zum Anker, Weser Str. 14, Tel. 05572/1873.

- **»Museum im Schäferhaus«**

Schäferhof 22, 37194 Wahlsburg-Lippoldsberg, geöffnet 1. Mai bis 31. Okt. Mi 15–18 Uhr, So 15–18 Uhr oder nach Vereinbarung unter Tel. 05572/7360 (Dr. Arnulf Grimm).

Rechte Seite: Die Weser bei Bodenfelde

Index

A

B

C

D

E

F

L

M

N

O

P

R

S

T

U

V

W

Südliches Weserbergland

Holzminden – Kassel